EL MANUAL DEL INCHAPIABLE

Hugo E. Gracia Matos

Hugo E. Gracia Matos

El manual del INCHAPIABLE

bubok EDITORIAL

© Hugo E. Gracia Matos
© El manual del inchapiable

Mayo 2024

ISBN papel: 978-84-685-8137-8
ISBN ePub: 978-84-685-8136-1

Depósito legal: M-12092-2024
SafeCreative: 2405067891888

Editado por Bubok Publishing S.L.
equipo@bubok.com
Tel: 912904490
Paseo de las Delicias, 23
28045 Madrid

Índice

PRÓLOGO

Como es costumbre, la mayoría de los dominicanos sólo leemos si es sobre chismes, chistes, morbo o controversia. Este libro está lleno de contenido coloquial, aunque también de reflexiones. El fenómeno "chapeo" es un tema que es pan de nuestro cada día en nuestra desenfrenada sociedad. Algo que sólo aceptamos como un hecho sin jamás estudiar el fenómeno o razón de ser.

Para la comunidad internacional que no entienda el término "chapiadora" es lo mismo que una *gold digger*. Lo que pasa es que al decir *gold digger* sólo imaginamos una chica que se le lanza a un tipo que anda en un Lamborghini. Aquí en República Dominicana (en lo adelante RD) la chapiadora* puede ser hasta la que plagosea* por una recarga telefónica.

Para hablar sobre la transformación social de hoy día hay que señalar al hombre que acondiciona su entorno mientras que su mismo entorno lo acondiciona cíclicamente. Esto funciona de la misma manera que un árbol alimenta con sus hojas, flores y frutos al suelo que lo alimenta a él, y así recíprocamente. Para decirlo de forma más áspera; la chapiadora* no existe por sí sola, es sólo fruto de una condición y conducta en el hombre.

Aunque en apariencia, el tema central es la chapiadora*
y el *status* de inchapiable*, la misión principal de este libro
es un llamado a la conciencia social. A raíz de un problema,
que se está volviendo muy grave por la simple razón de que
es invisible, pues no aparenta ser un problema, mientras en
realidad es la raíz de casi todos nuestros males. El problema
no es el chapeo, eso es sólo un síntoma y aun así uno leve.
Por lo que es inevitable codearnos con las causas y efectos
en el clima de nuestro sistema social para tener una idea de
por qué estamos como estamos.

Es demasiado claro que no sólo existe la chapiadora*,
sino también el chapiador. Pero no me desgastaré por pura
semántica a deternerme a enfrascar ambos sexos en una
misma expresión, además que por la mayoría es que se habla y to' el mundo va a entendé. #

Advierto al extranjero que abra este libro, que podría
perderse en la jerga dominicana. Por tanto, una palabra en
jerga o de mi invención estará seguida de un asterisco, (*)
cuando menos, en su primera aparición. Ya que serían definidas, no haría falta el uso de las comillas para dichas palabras. Estas serían definidas al final, en un diccionario del
lenguaje coloquial desechable (LCD).

También, los textos que contengan palabras recortadas
como; "to" en lugar de "todo" y "entendé" en lugar de "entender" tendrán un signo de número al final (#), para con
esto señalar que contiene palabras recortadas que pueden
ser definidas en un glosario de estas también al final, siempre que no haya sido necesario definirlas en el diccionario.

Me gustaba mucho hablar con un amigo que es toda una
sensación y mi autochapiable* favorito, aunque me desgas-
taba el hecho de que no absorbiera ni un solo consejo. Por
eso nunca entendí para qué los pedía entonces. Le pedí en

su momento, para otro uso distinto a este, pero que terminó siendo este, registrar algunos de nuestros temas de debates que iré repartiendo a lo largo de este libro cargado de chercha, humor negro, encojonamiento* social y amplias reflexiones. Obviamente, para proteger la vergüenza de mi antes frecuentado amigo, omitiré su nombre real y en este escrito se llamará Mancebo. Por "man" de hombre y "cebo" lo que se usa para atraer animales en la caza, ya que su vida giró en torno a atraer chapiadoras*.

También pediré disculpas por adelantado a las colombianas y venezolanas por parecer que generalizo, al hacer ciertas referencias. Pero es claro que al hacerlo, sólo me refiero a las que vinieron a chapiar y prostituirse.

CONVERSACION CON MANCEBO (a)

H –Dime a ver Mancebo, ¿vamos al gym o te quedas?

M –Pérate loco, que toy' mal. #

H –¿Pero mal de qué? ¿Tienes diarrea? o algo así suenas.

M –No loco, una tipa anoche que me dijo muchísimas cosas feas y me dejó con el "anafe prendío" aquí en mi casa anoche. Entonces me fui en coraje y me metí casi to' el *whisky* que trajimos. Y tú supite*, que ni leche tengo pa' la resaca. #

H –Pero barájamela al paso a ver si entiendo la historia. O sea, dime las cosas en orden, como si toy' viendo la película en vez de leyéndote. ¿Una tipa de qué o de dónde, y por qué terminó en tu casa diciéndote aquello?

M –Na' loco, yo salí anoche a un bar tipo *rooftop* que se pone bueno en la zona oriental. Habían unas clases de malas* ahí que taban del diablo loco. #

H –Antes de que tú sigas Mancebo, ¿tú no eras el que se quedó sin ni uno ayer después de pagar la semana de alquiler del carro?

M –Pero pérate que ahí iba a llegar, yo le metí una cotorra*
al dueño y de las dos semanas que se me juntaron le pagué
una. Es que también uno ta' vivo mano, hay que salí. Y
na'… lo que yo hice fue que primero compré un *whisky* en
el *drink*, obviamente lo dejé en el carro. Entonces me metí
al sitio y aunque taba full contao' pa' comprar tragos, le
mandé a dos que andaban juntas, luego me senté con ellas
y me fui en cotorra con la mía. Como lo que me alcanzaba
a comprarles era una botella, la fui preparando pa' irnos
antes de que se acabara, a sabiendas de que también tenía
una botella clavá* en el carro pa' seguir chupando y que la
tipa se ponga loquísima, tú sabes. Pero cuando vio que era
un Dewar's me dijo "yo no bebo eso, tú me viste bebiendo
Double Black", pero le dije que creía que había en la casa y
normal. #

H –Ok, tú me dices que la tipa andaba con una amiga.
¿Cómo la convenciste de salir? ¿Se separaron?

M –Sí, primero fuimos a llevar a la amiga. Tú sabes, a las
mujeres así hay que hablarles pilas* de mentiras pa' que
crean que van a guisá*. Yo le enseñé las fotos de cuando
vivía en Miami y tenía la jeepeta y le dije que yo vengo a
veces, que mi papá es un empresario chino muy rico y que
no quiero irme solo a Dubai, que yo espero que ella termine
siendo mi novia y vaya conmigo.

H –Pero… ¿y cuál era el plan de continuidad de esa *movie*?
No me digas que después de decirle todo eso tú la llevaste
a tu casa, Mancebo.

M –¿Y pa' dónde más loco? Aunque yo le dije que como yo
no vivo aquí unos amigos míos me prestan su *suite*. Pero
desde que ella vio que doblé a Ciudad Juan Bosch como

que se le apagó el jacho. Cuando llegamos al apartamento, ella apenas dio un paso a mi habitación y me dijo que iba al baño. Se me hizo raro que duró como siete minutos, y cuando salió fue como una pedrá* pa' la puerta y yo le caí atrás y le hice su lío. Fue que pidió un Uber cuando estaba en el baño. Pero le hice un show que el edificio entero y el de al lao' se despertaron, a esa azarosa. Después que le compro un *Double Black* viene a dejarme así y a voceame que maldito baboso, que paquetero, que si no me da vergüenza hablar tanta pupú*, que un cuero* no me lo da ni yo pagándole por baboso. Entonces yo me quillé* y la manotié* y le despegué la peluca (extensiones) y bajaron los vecinos de arriba y me calmaron, fueron muy gente. El Uber se apeó y era grande y áspero, pero yo hubiera subido a buscar el bate si no fuera por los vecinos. #

H –Coño Mancebo, pero el residencial hasta comió palomitas con ese *show* que protagonizaste. ¡Eso estuvo fuerte sin ir al gimnasio compadre!

M –Cállate, que hoy tengo una vergüenza que voy a salir es con la cabeza tapá como los talibanes. Entonces jodío sin la semana del carro na', que le dije al dueño que se la doy el lunes. #

H –¡Carajo! pero pídele esos seis mil prestados a tu hermana.

M –¿Seis mil? ¿Y yo no te dije que lo cambié por un Honda Accord? Ya yo no tengo el Sonata, ahora tengo un Accord y por este pago once mil.

H –Pérate, pérate, pérate… ¡pero que co-jo-nes tú tienes Mancebo! ¿Tú me estás diciendo que para hacer Uber entregaste el Sonata que es de gas y paga seis mil, a cambio de un Accord pagando once mil? Eso que aparte de que es de gasolina, se la bebe sin compasión. ¿Como por qué demonios tú hiciste eso? #

M –Ah loco, es que yo taba cansao' de que en el Sonata no me mirara ninguna jeva* o me miraran como con asquito. #

H –La verdad es que lo que te falta de tamaño lo tienes de idiota. Tú te has dao' más grande que Fefita[1], tú no cambias.

M –Hahaha loco, pero no seas tan duro conmigo. Además, como dices tú, yo no tengo cara de semáforo pa' cambiar.

---

1. Manuela Cabrera Tavares. *Personaje icónico del merengue típico en República Dominicana. Mujer destacada por su alegría contagiosa, autodenominada* Fefita La Grande. *De edad avanzada y espíritu joven.*

LOS ORIGENES DE LA CHAPIADORA DE HOY

La palabra "origen" puede parecer demasiado amplia, porque el chapeo o intercambio son más viejos que el hielo, si a ver vamos. Incluso la palabra "cuero" es utilizada desde la post colonización, porque tanto mujeres libres como esclavas mandadas por sus amos, se disponían a pagar con su cuerpo a los navegantes por porciones de cuero traídas por los navíos mercantiles, así como también entre los dueños de las vacas y la peletería cuando el cuero era un bien preciado. Y aun así estamos hablando de "orita" en el antiguo oficio de la prostitución. Empiezo por aquí porque tengo que ser brutalmente claro con que el chapeo no es más que prostitución sin monto fijo y que valida la estafa emocional. Es diferente intentar casarse o relacionarse con un hombre bien posicionado que jugar todos los frentes posibles a un tiempo.

El chapeo "tradicional" siempre ha existido, la diferencia del chapeo moderno es que sobresale por la abundancia, la agresividad, la normalización y el descaro con que se practica. Pero, es imperante primero explicar los componentes de la descomposición social, que implosionó desde varios ángulos a un tiempo, para entender como creció esa embromienda*.

No hubo un mejor brote de dinero del narcotráfico en RD que a partir del año 2001, ni tanto chopo* sin capacidades metido cobrando dinero en los puestos del gobierno. Estos y otros elementos iniciaron "el cruce social".

Siempre ha visto la existencia del capo, el pelotero, y el típico hombre maduro super realizado. Estos últimos, siendo los que más típicamente mudaban y mantenían a una jeva con to' los power, cuando aún el chapeo era una profesión más aislada y de minorías en RD.

Las colombianas son las pioneras de lo que llamaremos "chapeo directo" en la isla, desde que hubo una migración masiva, con su récord anterior entre 1999 y 2001. Aquellas damas; bellas, codiciadas y venidas de ciudades donde ya estaba acelerada la pérdida del pudor, fueron las protagonistas del ya cerrado Doll House.

Todos sabemos cómo funciona esto; viene una que le va bien, le manda dinero a la familia y por ahí mismo todo el mundo quiere ser él y la que está para mandar. La misma vaina por la que todavía nos queremos ir a "Nueva Yol", por la idea de ser pobre allá, pero "semi rico" ausente aquí, por la diferencia de valor de divisas.

Volviendo a las pioneras del chapeo directo... Las colombianas que causaron tanta sensación como las modelos 911, no duraron mucho en encontrar "dueño" en RD, porque no sólo son hermosas, estaban hechas de los tres golpes (tetas, lipo y nalgas) y ya tenían décadas entrenadas para ser las acompañantes y aspirantes a ser la amante oficial de los capos colombianos, estos que llenaban con su opulenta presencia los burdeles o las pedían por *delivery* en sus interminables fiestas.

Incluso las colombianas que se la buscaban en el malecón terminaron siendo "recogidas" de la calle, cosa que les causa dolor aun hoy día y más con la llegada de las venezolanas, a las dominicanas "buscaneras" del Malecón. Por si no lo sabían, se han formalizado hasta con carnet en algo llamado MODEMU (Movimiento de Mujeres) y por si algunos no lo saben, una ex trabajadora del malecón que no ha estudiado más que Urología, (sarcasmo) es diputada en este país de las maravillas.

¿Pero y cómo consiguieron tantos "compradores" en un país supuestamente pobre? Lo que pasa es que ahora no sólo están los peloteros, capos y viejos empresarios. En creciente desde el 1996, también sobra todo político y funcionario corrupto, o los hijos de estos que viven de su patrimonio robado al estado. A esos, por facilidad, es a los que menos les duele explotar el país a cambio de un cromo*. Hay muchas, de hecho, en puestos creados o no merecidos en las oficinas públicas, ganando sueldos de neurocirujano y son fáciles de detectar por su cuerpazo, su soberbia, pero especialmente por su incapacidad.

O un ejemplo más preciso aun: Cierto abogado fue procurador general de la república, sólo porque a cierta figura del poder ejecutivo le gustaba mucho su hermana.

Ahora vamos a enfocarnos en 2002, varias cosas surgieron juntas desde diferentes direcciones. Llegó de manera abrumadora el reguetón de Tego Calderón, imponiendo su ritmo gracias al negocio de lavado tan serio que hay detrás de ese nicho de la promoción artística. No hay nada más fácil de condicionar por exposición que las masas interesadas en ser masas o "parte de algo".

El entonces denominado jevito*, al que ahora le llamarían popi*, ya fuera un clase media o alta o simplemente un pobre que no quería comportarse como uno; antes del efecto Tego Calderón, tildaba de chopo*, campesino y charli* al que se atreviera a tararear un reguetón o un rap, desde su fundación tomada del reggae jamaiquino y el hip hop Neoyorquino. Pero como se lo sonaron quieran o no en los sitios que frecuentaban, pasaron a estar convencidos de que ahora les gusta.

La suma de la exposición y la repetición de este género bien financiado les compró el criterio, como a toda oveja del sistema. El dinero de los que pagaban por viralizar ese sonido era demasiado. Vamos a sumarle que también todo el chopo* con cuarto* andaba en el medio ejerciendo o fingiendo la opulencia. He aquí el inicio del cruce social.

Antes, en RD, cada clase social estaba cada cual en su lado. Para una persona clase alta o media alta ver a una persona de clase más humilde, hubiera tenido que ir a los lugares que estos frecuentaban, cosa que no hacían. Tal vez, sólo en los sitios de disfrute público, hasta que surgió el boom de Plaza Central, pero igual no se mezclaban, al menos, con una ligera excepción de los jevitos*. Estos, aunque vivieran en barrios, podían ser un tanto más educados en el vestir, hablar y actuar. Porque eran pobres que querían parecer ricos y europeos cuando todos querían ser Enrique Bunbury, o las chicas sanamente desacatadas querían ser Gloria Trevi. Por eso podían camuflarse un poco mejor entre la clase media alta.

Para evitar herir la sensibilidad de las personas equivocadas, antes de continuar debo definir a cabalidad que es un chopo* ya que no es algo que esté en el diccionario y dicho término puede hacerse más o menos subjetivo.

¿QUIEN ES EL CHOPO?

No sé qué tantas personas existen con la idea de que "chopo" es sinónimo de "pobre". No se trata de eso, las personas más cultas que he conocido son humildes y de barrio, pero eligieron ser instruidos, tener manejo y sentido común.

Aunque esté claro que la mayoría de los chopos pertenecen o vienen de las clases bajas del estrato social, ser chopo más bien es una conducta, una que exige respeto pero que no respeta. Este es el primer y más notable rasgo de la chopería, la falta de respeto e indolencia que van de la mano con una indeseable pobreza cultural, mas una bruteza elegida y portada con orgullo.

Lo más lamentable es que el azote del chopo ha llegado incluso a las esferas gubernamentales. Aunque no debería sorprendernos en un país donde no se tienen los puestos en las oficinas del estado por capacidades ni por méritos, sino por nepotismo y favores políticos. Todos los órganos del estado fueron teñidos por el chopo, su indolencia, su corrupción y su incompetencia. Aunque no lo crean, esta es la caja de pandora y la raíz de casi todo nuestro retraso como país, en efecto dominó.

El chopo es la encarnación de la mediocridad, es decir, el que quiere tener más y tenerlo ahora, aunque haga menos, sepa menos y se esfuerce menos. Lo peor es que ven a algunos lograrlo en un sistema con las compensaciones y los méritos totalmente desproporcionados y por eso son sus ídolos.

Los chopos de las esferas políticas y funciones del estado han oscurecido la sociedad, y han descuartizado la conciencia social, permitiendo que cosas que no deberían de suceder sucedan porque sólo están pensando en hacer de todo una "mafia".

Hasta con las mascarillas donadas por china hubo mafia millonaria en medio del COVID-19, que las vendieron y bastante caras. Estos sólo pensarán en hacer lo que necesita el pueblo si detrás de eso les genera negocios, más tarde hablaremos de ello como el efecto Calígula… aun así, tocan bombos y platillos y quieren que los aplaudan cuando de mil cosas pendientes hacen una, y que es simplemente su trabajo. Pero nos quieren hacer pensar que es como si nos están regalando algo.

El chopo es mismo que lleno de soberbia se pasa un semáforo en rojo o detiene el tránsito de una vía completa, porque entiende que los demás tienen que aguantarse para este recoger a alguien o comprar algo. El que quiere que la ley funcione sólo siempre y cuando sea a favor suyo, pero que entiende que este sí puede violar la ley, el derecho y la paz de los demás. Y ¡ay! si se les diera aunque sea una gota de poder, se andarían llevando el mundo por delante con el famoso "cuidao', que tú no sabe' quién soy yo". #

Es el mismo guagüero* o patanista* que seguiremos viendo llevándose el mundo por delante y tirándosenos encima abierta y amenazantemente a los demás vehículos, por la ley paleolítica del más grande. Francamente no me gusta vocearles "animal", porque eso sería una ofensa a los animales. En el zoológico, incluso en la jungla hay jerarquía y armonía, porque los depredadores sólo depredan porque es necesario, y sólo cuando es necesario.

A los chopos no les importa a cuantas personas tengan que joder, ni cuantos cráneos tengan que pisar para lograr sus objetivos individuales, sin duda, lo harían siempre que pudieran. Y podría apostar con quien sea que la sofocante cantidad de chopos que ejercen la chopería*, existen más que por falta de libros, por falta de consecuencias.

El chopo es el mismo que deja una paella sin camarones y deja el arroz casi vacío en el *buffete* de un hotel, porque sostiene la idea de "yo toy' pagando mi' cuarto". Como si pagar debe hacer que las reglas y los modales para este sean una excepción. #

Con una necesidad exagerada e imperante de impresionar a los demás por medio de cosas de valor, o echavaineo* sin importar su alcance. Lo evidente en sus prioridades, es que lo primero es, lo que los demás puedan ver, para con esto conseguir adulación, respeto y aprobación. Lo cual denota desde la psicología más básica una increíblemente baja autoestima, por lo que necesitará el bulto*, el aparataje y siempre cosas externas para afianzar su valor, ya que en su interior duda tener algún valor intrínseco en su persona.

Cuando el chopo es de muy escasos recursos y no se le podría dar bien el echavaineo* con ciertas cosas, entonces, la manera de percibir algún tipo de respeto y adulación es la dedicación a ser un "macho alfa" de barrio. Este es mejor conocido en nuestra jerga coloquial desechable como; un tíguere ratatá*, el que "anda duro", así como el biberón*, malocorista*, el que anda Chuky* o el que es "rabia". Donde los logros de esta persona es hacer los cuentos de los bobos* que armó, y donde el más rankiao* o psicópata es el que más hizo, el que más atracó*, el que más problemas dio, el que aplomeó* a fulanito, etcétera.

Esos malocoristas* son los que les gustan a las muchachitas que deciden no salir del mismo círculo y casarse con la cultura del bajo mundo barrial. Para mí no hay mejor ilustración de ese hecho que el video de mi estimado Carasaf[2], titulado "Pobre Chamaquita". Me ahorra el 80% de la explicación para quienes no hayan visto eso de cerca. Lo pueden buscar en Youtube.

Al chopo no le interesa ser una persona pensante, más bien a quien intente sostener una conversación inteligente, por corta que sea con este, su respuesta muy posiblemente sería "ya", que es como la traducción de "no te entiendo, pero ta' bien, pa' que te calles". Aunque, aclaremos que no toda persona que confundió la sencillez con la ignorancia es un chopo. Hay mucha gente muy poco instruida que son ciudadanos tranquilos y ejemplares.

Para cerrar con broche de oro me gustaría agregar, que si hay una vaina en este mundo que me dé más alergia que un chopo, sólo pueden ser dos chopos o más.

Podría escribir mil páginas y faltaría, sólo sobre el chopo. Así que eso será material para mi próximo libro "El Antichopo".

---

2. Carasaf Sánchez. *Humorista y cantautor dominicano de género urbano y bachata. Como cantautor del género urbano, marca la diferencia utilizando el género para dar mensajes sobre nuestra realidad social.*

CONVERSACION CON MANCEBO (b)

M –Dime a ve' loco. (texto de Whatsapp)

H –Aquí bregando con una dieta, ¿qué hubo?

M –Aquí en baja, que yo no sé en verdad por qué es que nunca encuentro una novia como tu ex, que se vea bien y que no sea ventajista ni chapiadora.

H –Bueno, la respuesta a eso puede ser más o menos larga. Pero, ¿por qué lo dices?

M –Oh, la mujer mía en Miami se me mudó y se llevó tó'. De lo que me dijo que me iba a mandar, nada más me mandó una televisión y unas ropas con mi hermana.

H –Como siempre te digo, Mancebo… barájamela despacio. ¿Tú estabas con ella en la actualidad?

M –Vivíamos estando mal casi to' el tiempo, pero ella me decía que me amaba.

H –Voy a entender con eso que desde que te deportaron tienen entonces una relación a distancia. ¿Cierto? Pero donde quiero llegar es a saber si tú tenías planes de volver a

Miami, no sé cómo si ya no tienes visa, o si ella tenía planes de venir a vivir contigo.

M –En verdad eso es lo complicado del tema, las veces que he querido hablar sobre eso ella me deja como en el aire, que si yo no me acuerdo que ella tiene un trabajo y una hija y cosas que me dan a entender que no puede venir.

H –Entiendo, creo que tu verdadero problema es no aceptar que ustedes ya no van a estar juntos, a menos que ella entienda que en RD va a estar mejor que en Miami, y eso no va a pasar, porque tú no tienes cómo ni con qué. Es lo que entiendo que trata de decirte sin ser muy dura contigo.

M –Loco, en el fondo lo sé. Por eso es que te digo que me gustaría tener una mujer que me ame, que no le importe que yo esté en una habitación prestada aquí y venga a estar conmigo. Tú que eres bueno hablando de eso, aunque eres duro conmigo, dime, ¿por qué yo no encuentro una mujer buena? Una que no sea chapiadora, o que no sea una de la calle que termine queriendo volver a su vida de la calle.

H –¿Empezando por el principio? La urgencia que tienes de proyectar que eres cosas que esas quieren sin esfuerzo, y tú bien sabes que eso es porque quieres atraer esa clase de mujeres. En tu chip como que hay algo que entiende que si una mujer no tiene al menos cinco distintivos de chapiadora, no te ponen tan rápido. Hay decenas de modelos de chicas de buena apariencia, pero entonces si tú no ves; la extravagancia de pestañas, un estilo de vida que anuncia que merecen andar en un yipetón* como el que tenías, y una hechura* que sólo denota que tienen desesperación por vivir de su cuerpo y de adulación, a ti no te dan la misma nota*… eso sólo definiendo tu gusto.

Ahora pasamos a la idea que vendes de ti, Mancebo. Tus redes sociales parecen de un dealer de alta gama, porque salen más vehículos de lujo que tu cara. Eso siendo sólo lo que más se nota, porque hay que contar también los bimblines* y demás distintivos que venden la idea de la vida de video de reguetonero. Usas la típica vestimenta de todo bregador* viajero coronao* o de todos los que quieren emularlos, y en tu perfil la vida es una discoteca y una fiesta eterna donde hay Moët y todos los menesteres que son con mucha intención de atraer a las "bendecidas".

M –Hahaha loco, ¡me *stalkiaste* bien! Pero de esas chapiadoras, alguna debe poder enamorarse de verdad en el camino, ¿tú no crees?

H –Si esa es la idea que manejas, tú ta' jodón Mancebo. ¿Cómo tú puedes venderte como Angus y esperar que te compre un vegetariano? Ese cambio de parecer que estarías esperando en una mujer, vendría asemejándose como que ella entre al salón a alisarse el pelo, pero que convencida por ti, salga con la cabeza raspada. Es más… que se enamore en el camino no es imposible, pero tienes que estar claro de cómo te ve una mujer; si te ve como un hombre o si te ve como un proveedor.

Una mujer sólo puede admirarte como hombre si tienes un poder sobre ella, no sólo ella sobre ti, cosa que sólo pasaría con un hombre con carácter, uno que sepa decirle que no o que sepa ponerle condiciones sin morir en el intento. Eso no pasaría con alguien que es sólo el proveedor de sus caprichos, y menos cuando no haya con qué cumplirlos.

Estoy casi seguro de que has escuchado el cliché "fulanito que era tan bueno y tan mala que le salió" y por el otro lado "perencejo que es un maldito y de ese es que está afixiá*".

Eso es porque pasan a sentir que cuando le das todo, no es porque eres bueno, sino porque ella se lo merece y punto. Y déjame decirte que la persona que se cree merecedora, en consecuencia, es malagradecida. Súmale a eso el vicio humano de "lo obtenido y lo por obtener".

M –¿Cómo así? ¿Lo es siempre?

H –Bueno Mancebo, si tú tienes una empresa y me das trabajo, ¿yo te voy a dar las gracias todos los meses después del pago?... te ahorro la respuesta. Incluso cuando me pagues 60K, cuando por lo que hago sólo merezco 15K, cosa que sobrevaloraste tú solito, yo no te voy a dar las gracias todos los meses, ni lo haré nunca. Porque entiendo que eso es lo que me toca y que a ti te toca dármelos todos los meses, es así de simple.

El hombre que necesitó tanta parafernalia para atraer a una mujer es porque le falta la confianza en sí mismo, tanto que termina disfrazándose de todo lo que él cree que ella desea. Ni el yipetón, ni la Moët, ni siquiera lo que le transfieras a su cuenta van a afectar a su libido, aunque claro que estará feliz, pero que ame esa felicidad causada por placeres que puedas pagarle, nunca significará que te ame a ti. Eso te quedará muy claro cuando no puedas patrocinarle los "momentos felices". Por ejemplo, y perdón que sea tan duro, ¿dónde está ese amor que tu ex te juraba mientras andaban en yate en Miami Beach?

M –Lo fuerte es que tienes razón. Pero, ¿cómo me olvido de ella? Yo no me puedo imaginar otra vida que no sea con ella.

H –Olvidarla no es una palabra que me gusta usar, a menos que te caigas de cabeza y quedes con amnesia, cosa que aun así, no se pueden seleccionar cuales recuerdos vas a perder.

Lo que sí tienes que hacer es cambiar el ángulo desde donde ves e idealizas a esa persona en tu cabeza. El primer error, muy común por cierto, Mancebo, es la posesión. Cuando dices "MI mujer" estas afirmando que es tuya. Peor todavía ahora, que ni están física ni moralmente juntos. Lo seguro es que nadie es nuestro, ni siquiera los hijos al final. Pero si quieres, Mancebo, y si crees que lo vas a aplicar, te puedo dar algunas técnicas, para hacer algo equivalente a eso que le llamas "olvidarla".

Me gustaría empezar por la más difícil. Para ahorrarte la pregunta de por qué, es porque es la manera más radical. Tienes que destruirte y rehacerte.

M –¿Destruirme y rehacerme?

H –Sí, a mí me sirvió incluso a mis 8 años de edad, luego a mis 16, también a mis 27. No supe cómo llamarle, pero ya luego me dediqué a comprender ese principio.

M –¿Qué es aquello en lo que voy a destruirme y rehacerme?

H –La impresión Mancebo… la impresión. Me explico, todo cuanto nos rodea; lugares, situaciones, personas, olores, cosas, son etiquetado por nosotros, y no lo vemos como son, sino como somos. Vivimos bajo la trampa del juicio y del bien y el mal, de la asociación o de la mala información. Así como valoramos cosas y personas por lo que esperamos de estas.

M –Pero ta' claro lo que es bueno y lo que es malo, lo bueno te conviene y lo malo no te conviene.

H –Sí… aunque intento ir un poco más allá, detrás del telón. Un ejemplo demasiado básico, pero que se entiende; la lujuria. Cuando ves una tipa que se está rajando de buena, ¿qué sientes?... te ahorro la respuesta. Y si a la misma tipa la ve un transexual, ¿qué siente?... sólo te aseguro que no siente tu misma necesidad viendo exactamente el mismo cuerpo. Tal vez la necesidad que sentiría el susodicho sería poder lucir como ella, no la que tendrías tú de comértela viva.

Sólo intento explicarte con esto, que ese poder tan inmenso que parece tener la dama del cuerpazo en realidad no es de ella, sino tuyo. El poder de la impresión viene de adentro, aunque lo que impresione se vea afuera, funciona como un espejo del alma. Si te surgen dudas en cuanto a este principio, sólo imagina que ese cromo* es tu hermana o tu madre y cuéntame si no sientes un cambio en lo que su figura te hace sentir.

Necesito explicarte el significado de algunas palabras que tendremos que utilizar a fondo, para luego decirte cómo puedes reprogramar lo que sientes por una persona. ¿Estás listo?

M –Dale.

H –Empecemos por romper la ilusión del bien y el mal. Si te digo que por ejemplo, un talibán está totalmente convencido de que está haciendo algo bueno revistiéndose de explosivos y estrellando un avión lleno de gente inocente, ¿qué me dices? ... otra vez te ahorro la respuesta. Hay otra cosa de por medio, que no tiene que ver con lo que real e intrínsecamente nos hace bien o nos hace mal, y es la **programación**.

Me encanta este ejemplo; el "cuerno", por ser algo por lo que casi todos quieren morir y matar. El dolor moral que viene de ese tipo de evento no sucede por otra cosa que por programación, estigma que viene desde las religiones Abrahámicas y de la idea de que la mujer es una pertenencia, mas el peligro insospechado de sexualizar la emoción.

¿Quieres un ejemplo más claro sobre el efecto de la programación? En los países de medio oriente donde es permitida la poliginia, ¿crees que las mujeres se sienten mal porque el esposo tenga más esposas incluso en la misma casa? Todo lo contrario; las reciben como hermanas, se sienten acompañadas. ¿Por qué es eso? Simplemente porque les enseñaron que eso es bueno y es correcto. Este ejemplo deja claro que el "dolor" moral es completamente psicológico. Pero te aseguro, que alguien robarte tu dinero o darte una trompá* en un ojo, habla el mismo idioma y la misma realidad donde sea; aquí, en Egipto o hasta en Marte. Si no lo crees cojamos un cohete pa' yo meterte una en cada ojo, a ver si te va a causar dolor o risa. Con toda esta premisa, la palabra que queremos resaltar es PROGRAMACION.

En la psicología hay un principio llamado "sistema de creencias". Para cambiar tus patrones de pensamientos, es como que van a la caja de lo que crees, para ver que creencias te sabotean u obstruyen y luego así cambiarlas. A mí me resulta aun más interesante ir a ver por qué lo creíste.

Muchos eventos no son ni buenos ni malos, sino neutros, pero nosotros lo teñimos con una impresión que viene de manera casi inevitable, según como nuestros padres y nuestra sociedad nos dijeron que era, y constituyen una ley psicológica, no una ley real. Real es que si te golpeo un ojo te viene un moretón, o que, si te tiras de mi terraza en el quinto piso, tendrán que recogerte con palas. Ni siquiera es real que te enfades en automático si te insulto, sólo es real el enfado si tú aceptas que el insulto te afecte.

M –¿Lo que tú me estas queriendo decir es que eso no es na', que otro se acueste con mi mujer?

H –Ese no es el punto, sino que ese dolor que sientes como hombre, la sensación de pérdida, de impotencia, al imaginar a otro tocándola, no existen sino gracias a la programación y a la segunda palabra que quiero enfatizar. Esa palabra es **impresión**.

La programación es la idea, la impresión es cómo te sientes con la idea. Entonces, cuando te llenas de ideas sobre una persona y lo que esperas de la misma, es una auto programación que inevitablemente te lleva a una impresión.

Para todos nosotros, la infidelidad es un término no aceptado en una relación, ni desgastarnos explicando por qué. Lo que difiere entre una persona y otra es la madurez con que maneje la situación; puede ser un berrinche eterno y pasarse la vida atacando con la culpa a la persona que fue infiel, o puede ser lo mismo que romper un contrato donde una de las partes simplemente no cumplió. Es decir, verlo casi como un negocio, algo menos emocional para así tomar menos decisiones emocionales. Si esa persona no hace algo que dañe tu cuerpo físico, tu cuenta bancaria, bienes materiales, ni te hizo perder tu trabajo, ni te desacreditó, debes poder entender la diferencia entre "hacer" algo y "hacerte" algo. La que te pegó los cuernos* no te hizo nada, no eras tú, era ella. Si está difícil de entender te recomiendo leer "Los Cuatro Acuerdos" del Dr. Miguel Ruiz[3].

M –Creo que le estoy llegando, háblame más sobre eso de la impresión loco.

---

3. Miguel Ruiz. (1998). *Los Cuatro Acuerdos: Un libro de sabíduria tolteca.* Barcelona: Editorial Urano.

H –Primero te pondré un ejemplo tonto, que no lo hace menos real, sino más fácil de entender. Una vez, mi hermana mayor me vio andando en un solo tenis, y en broma, me dijo que eso podría hacer que uno de mis padres muriera. Para mí fue uno de los minutos más largo de mi vida, ese de desamarrarme el tenis, convencido de que estaba matando a uno de mis padres. Ella me metió una idea (programación) y yo caí en la impresión de sentirme culpable y posible asesino de uno de mis padres. Tanto, que luego me quería poner ambos calzados a un tiempo, no uno y luego el otro.

El punto es, que mi sensación era real, yo la sentía en mi pecho. Pero, ¿la idea era real? ¿Iba a morir mi padre o mi madre por eso? Obviamente no. De esa manera hay muchas mentiras inducidas y auto inducidas que hoy llevamos a rastras, siendo el sentimiento sobre estas tan reales como el sol que nos alumbra. De esta manera, te puedo contar como rompí mi impresión sobre mi primera novia en una sola sentada, y con esto también rompí el "enamoramiento" que me tenía paralizado y sufriendo. Tras unos cinco minutos de entrar en ese tipo de meditación, la chica ya no me daba ni frio ni calor. (continuará…)

LOS MODELOS A SEGUIR

Para los que se lleguen a preguntar por qué hablo del chopo y de sus modelos a seguir en un Manual del Inchapiable*, es porque para adquirir el grado de inchapiable* hay que conocer bien al montón, para dejar de ser uno del montón.

Hay varios estereotipos de chopos* consumados que se han vuelto más un modelo de admiración que de desprecio, lo cual refleja la disfuncionalidad de la integridad social hoy día. El propósito de la mención de este tema es dejar expuesto el peligro aparentemente inofensivo que significa a quiénes les damos los micrófonos y las pantallas del país.

El chopo* más dañino, por lo menos para referirme al daño directo es el tarjetero o chipero*. Estamos tan dañados de la mala influencia que en lugar de ver a dichos sujetos como crápulas, se vuelven el centro de atención de tígueres* y chapiadoras* porque saben que estos derrochan. En eso consiste el "estar coronao*" y "estar burlao*" en el mundo de los chopos; ejercer la teoría del menor esfuerzo. Como decía antes, son individuos que quieren los que a otros les costaría cinco años de trabajo, pero lo quieren hoy, aunque tengan que robárselo a gente necesitada.

Los chopos que han hecho el daño más profundo son a los que hoy día les hemos entregado un poder muy fuera de las dimensiones su capacidad; que son los medios de comunicación.

La aceptación del reguetón fue grave, aunque no lo entienda la gente que no tiene idea de algo llamado "ingeniería social", pero no fue ni cerca tan dañina como la influencia del dembow*. Esto, fue literalmente haberle dado el micrófono nacional al pensamiento del chopo* de callejón. Se supone que en todo país, por tercermundista que quiera ser, hay organismos que filtran la música que va a circular. Aunque el meollo del asunto es una cueva bastante profunda y oscura.

Entregarles el poder de los medios de comunicación a los chopos*, ha sido más peligroso que entregarle un lanzagranadas automático a un mono en pleno carnaval. Este es el poder de los medios de comunicación, hoy usado para la deseducación pública. Sí, hablo incluso de poder destructivo real. ¿Qué mejor ejemplo que lo ocurrido la noche del sábado 28 de octubre de 2023 en la Zona Colonial? Cuando un comunicador armó un teteo* disque de Halloween, con la promesa de poner doscientos mil pesos (DOP) en algún lugar para que alguien los encuentre. Me gustaría pensar, que esa persona no alcanzó a imaginar el tipo de caos que puede sembrar ese público que atrajo, que son sus seguidores, en un mismo lugar y descontrolados.

Se concentró la chopada* de todas las categorías por ser un evento gratis y que promete dinero. Aquello resultó exactamente igual que liberar una horda de zombies. Honestamente creo que peor, porque la chopería igual se propaga, sólo que no por mordidas, sino por bocinas. También porque, de ser zombies fuera peligroso, pero divertido, porque los vivos pudiéramos dispararles sin consecuencias. Lo que tenemos hasta ahora sólo es engorroso y peligroso, pero para nada divertido.

Impusieron su música dañina que viola la inocencia de los niños a volumen impertinente, como único saben hacerlo. Perpetraron viviendas, atracaron*, bailaron y saltaron encima de vehículos parqueados, se armaron peleas, orinaron y defecaron en maseteros, así como dejaron la calle con una montaña de basura y botellas rotas.

Para tener una idea del poder destructivo que tiene una horda de chopos… los zombies se limitan a comer vivos, no dañan su entorno. Ese día se notó tanto, sólo porque estaban concentrados en un mismo sitio de gratis, pero ese es el apocalipsis "chopo-zombie" que se vive en todo el país, especialmente en la capital. Aquí sólo hubo una muestra de qué son capaces juntos y sueltos. Para la siguiente referencia, les llamaré "uno de ellos", a los chopos*.

No hay que ir a un teteo* ni a donde ellos van. Puedes ir conduciendo muy tranquilo y uno de ellos es el motorista que anda haciendo *zigzag* por diversión que te va a rallar el carro, o el *delivery* que se te va a estrellar en la puerta, porque cruza en rojo y matándose. También cuando dobles para tomar una calle y no puedas entrar, porque uno de ellos, para cruzar primero, en lugar de permanecer en su carril avanza en el carril de la vía contraria. Pero que encima de todo, te confronta porque le tocas bocina.

Sé que para algunos puede sonar exagerada mi señalación sobre la gravedad del asunto. De ser así, invito a recordar que los medios de comunicación son a lo único que los gobiernos le temen, por eso también se les suele decir "el cuarto poder". Así mismo invito a contemplar que toda revolución social, en cualquier rincón de la tierra y a través de la historia, tuvo que valerse de la influencia de la música para crear o mantener una causa y una corriente de pensamientos.

Crean o no, la revolución de abril del 1965 no hubiera sucedido sin la canción "La trinchera del honor" que llamaba al pueblo dominicano a levantarse en armas. Si la música tiene el poder para elevar la moral, ¿cuánto no tendrá para desmoralizar y degenerar que es naturalmente más fácil? Entonces por más inofensivo que parezca el dembow y que "jajaja" porque ta' de moda ... ojalá eso fuera todo. Lo peor es que sus exponentes, y la mentalidad retrasaria de macho alfa de callejón y de falsos tígueres* que predican ser, se convierte en el modelo a seguir de los que van creciendo y de la gente adulta sin personalidad, que hoy se sienten orgullosos de hablar como si les desencajaron la mandíbula y tuvieran tres dientes de ajo bajo la lengua.

Decía el abuelo de una persona a la que admiro y respeto, que a una persona sin personalidad se le amarra al lado de un perro y terminará ladrando.

Así que no queridos, aquellos cuya sensibilidad debo haber tocado... no, tus artistas urbanos favoritos no están "pegados" porque su música sea buena ni porque fulanito disque que es duro. Es sólo gracias a todo el que necesita lavar dinero, porque han visto lo fácil que es hacer de un aspirante a tíguere* una celebridad, gracias al morbo.

Hay cientos grabando un dembow. No es más que hablar sobre lo mismo y las mismas intenciones variando la rima, lo que deben tener es la suerte de que alguien los quiera usar como "lavadora".

Esos managers son los que se ganan casi todo. El "artista" tendrá dinero, pero ni cerca de lo que les pagan por aparentar. Actualmente hay algunos de ellos en olla*, aunque les hayan dejado una buena jeepeta y tal vez una buena casa.

Como es natural que algunos se resistan a creerlo; sólo pónganse a pensar, ¿qué artista se querría "despegar"? Como muchos lo han hecho y como a muchos les espera.

Eso es la prueba irrefutable de que no depende de ellos ni de que sigan grabando, ni de que la canción "gustó". El vulgo no elige qué le gusta, sólo hay que ponérselo y repetirlo. Por eso depende de la payola* de sus productores, (los que se ganan todo) y cuando el artista intenta creer que puede volar solo, porque ya sonó y estuvo en el top, entonces cae desde lo alto para jamás levantarse, es el caso más común.

Por otro lado, a los niños y adultos sin personalidad que quieren ser ellos, desde cierto punto de vista, ¿quién podría culparlos? Sólo imaginen a un niño de diez años, que desde que tiene uso de razón ve a sus padres trabajando de lunes a lunes, aun así, más jodidos todos los años. Otros que peor, la madre no trabaja o gana muy poco y el papá es un irresponsable. ¿Cómo evitar que piense que le gustaría ser como el dembowsero fulanito blimblim? Si la gente dice que es bacano, que ta' burlao' y nadando en millones tan sólo por escupir palabras que riman en un micrófono, mientras finge ser un tíguere*. Con el mismo saco de palomerías* todo el tiempo "tengo to' y tú no tiene na'" o "yo vendo drogas y muevo kilos", etcétera.

No hablo de imitar a esos ídolos por aspirar a igual cantar, que total, no hace falta talento. Hablo de cómo sacarlos de caer en la teoría del menor esfuerzo y de que no hay que cultivarse en nada para llegar. ¿Quién rayos puede culparlos de no querer trabajar o prepararse para más? Si lo único que tuvo que hacer uno más feo que Quasimodo para pasar de *delivery* a celebridad, fue caerle bien al que hace la música más sucia de todos, tan sólo por feo y por dar risa. El mismo carajo que resulta premiado, en lugar de castigado, por ser reincidente atropellando gente… ah, y matar al último que atropelló y estar suelto.

Se preguntaría el ciudadano trabajador "¿y yo?" El que se mata haciendo Uber porque ni siquiera un empleo de 8:00 am a 5:00 pm le alcanza más que para el alquiler y tres fundas del supermercado. Lo más especial del caso, es que dichas figuras son premiadas por los mismos gobiernos que no debieron permitir dejarlos llegar hasta ahí, envenenando la mente de los jóvenes y niños. Pero los gobiernos no están interesados en nuestra conveniencia, sino en empatizar con la plebe por ser un gran número y convertir eso en votos, eso es todo lo que les importa. Como prueba de eso, sus campañas políticas fueron teteos* ambulantes, en esa teoría de "hablar el idioma del pueblo".

Si esa corriente de pensamientos viene por así decirlo del callejón, podemos poner a nuestros hijos a estudiar en el Saint George o cualquier colegio de alta gama y el pensamiento del callejón llega hasta ellos, ya que escuchan lo que todos porque disque está de moda. Por alguna razón, en las pruebas PISA[4], en las que RD empezó a participar desde el 2015, nuestros resultados como país vienen siendo vergonzosamente penosos y estamos en el fondo de la tabla desde el inicio, en último lugar de los 73 países que participaron en 2015 y los 79 que participaron en 2018. Aunque hubo mucho alarde de mejoría en 2022, nuestro sistema educativo y rendimiento académico siguen muy por debajo de la media; esto indistinto a los *status* sociales de colegios y estudiantes, con un margen ligero de ventaja en los colegios de clase alta en comparación con las escuelas públicas.

---

4. Programme for International Student Assessment, *estudio llevado a cabo por la OCDE a nivel mundial desde el año 2000 que mide el rendimiento académico de los estudiantes en lectura, matemáticas y ciencias de la naturaleza.*

Si se preguntan por qué esta generación que lo tiene todo es tan floja, sólo hay que ver el estilo de vida que insinúan sus ídolos. Si por ejemplo el reguetonero con el que más se identifican, deja caer la idea de que sólo hay que ser joven, privar en lindo, y vivir la vida chiliando* como si la vida es un jardín de eternas vacaciones, lo que conlleva a una relajación de las buenas costumbres, lo cual ha sido, demostrado por la historia, la primera chispa de la destrucción de una nación.

En la actualidad, una gran parte (si no es que la mayoría) de los jovenes de clase media alta a alta consumen drogas, muchos ya tecatos* y flojos. Estos, en lugar de tener la coraza de dominar en lo básico los negocios familiares, la más alta prioridad de estos, suele ser la vida social, los juntes y el chileo*, que es reforzado con *brownies* de marihuana. En lo personal, me conduelo bastante de los padres que se sienten impotentes hoy día preguntándose qué han hecho mal.

Para ilustrar una comparación, por ejemplo, cuando los modelos a seguir de los entonces jevitos* (hoy llamados popis, pero que aceptaron el reguetón) era en los 90's, cuando todos querían ser Enrique Bunbury, entonces, la proyección de su conducta era como el modelo de conducta europeo del mismo, hasta en el uso de cuello-tortuga en un país tropical. Pero no está mal emular a entes que saben expresarse y que son culturalmente mucho más maduros que nosotros. Hoy día fuera muy distinto si las chicas quisieran ser como Dua Lipa, que como una cuya canción más reproducida en Spotify habla de eyacular, usar drogas, caja de tiros, etcétera.

¿Por qué me concentro tanto en el chopo en un libro que pretende hablar sobre ser inchapiable? Sencillo, porque es necesario hablar de lo que originó nuestros problemas sociales y hasta de sistema. Si no supiéramos cómo nace el mosquito no pudiéramos cuidarnos del dengue. Insisto, en que la plaga de la chopería y la aceptación de la misma como normalidad, tiene más del 80% de la culpa de estar como estamos, como estado fallido ante los ojos de algunos. Es necesario que sea agresivo para aclaraciones como estas, para abrir unos cuantos ojos.

Es seguro que me ganaré el desprecio popular de la chopada*... pero no me importa, no necesito el aprecio ni el respeto de alguien a quien yo no admire. También que incluso Jesús pagó un precio por decir la verdad en un mundo que elige mentirse a sí mismo.

EL MARKETING SEXUAL

Básicamente somos hijos y hasta víctimas de los deseos. Dicho así, porque en nuestro acondicionamiento social tenemos la idea preconcebida de que vivimos para perseguir nuestros deseos, esto en síntesis es como la persecución de la felicidad en cortas escalas. Calma, si ya se vienen preguntando por qué para definir el marketing sexual primero hablo sobre el deseo.

Empecemos por darnos cuenta de la trampa del deseo; el ser humano siente ser el amo de su deseo mientras lo tiene en manos. ¿Pero, quién vive para perseguir a quién, el hombre al deseo o el deseo al hombre? ¿Quién sufre al no alcanzar el deseo o cuando se esfuma? Entonces amigos, es vital darnos cuenta de que somos mayormente esclavos de nuestros deseos.

Ahora que tenemos esta perspectiva sobre el deseo proseguimos. Usaremos el término "valor" porque para mi gusto no hay comparación analógica más perfecta que la de un producto en venta en la góndola de un supermercado.

¿Qué hace posicionar, es decir, aumentar el valor de un producto?... sencillo, el hecho de que todos deseen el producto.

De manera biológica, un hombre tiene mucha más necesidad sexual que una mujer. No lo dictó la sociedad, aunque el machismo mal polarizado lo ayuda… lo dictó así la naturaleza. De manera que el hombre tiene cierta desventaja a la hora de enfrentar "valores" si tanto el hombre como la mujer son mirados como productos en la góndola. Al final el hombre termina siendo más el consumidor que otro producto con valor.

El hombre por naturaleza es sexualmente mecánico, es decir, no necesita en lo absoluto sentir algo en lo emocional por una mujer para tener toda la libido apuntando hacia esta. La sexualidad del hombre puede ser tan mecánica, que un hombre podría ser homofóbico, pero si le atan de manos y pies y otro hombre le hace el trabajo oral, este va a funcionar perfectamente, aunque el estímulo visual le sumaría fuerza a la erección. Mientras que para la mujer en cambio, puede venir Brad Pitt, y si ella emocionalmente a quien quiere tener es a su marido, ni si quiera va a mojar con Brad Pitt. Que aguante el acto no significa que lo disfrute… apréndanse eso, a los que les gusta untarse su piedra entendiendo que mucho significa mejor y que pelarla significa que ella lo disfrutó.

Lo más importante y donde quiero llegar en la premisa dada es que, la naturaleza mecánica de la sexualidad del hombre también significa que el hombre se antoja de toda la que esté buena o de su gusto, aunque ya tenga a quien llene esos requisitos, e independientemente de que ame a su pareja. Sí, estoy diciendo que todo hombre es infiel por naturaleza, y el único freno para ejercer la monogamia es la amenaza de lo que podría perder si no. Pero calma, no aplaudan aún los hombres y no lloren aún las mujeres, esa es tan sólo la verdad a medias, pues hay otra cosa que nos hace humanos y por lo que evolucionamos en conciencia a la velocidad que no lo hacen nuestros hermanos menores, los animales. Un poder conlleva una responsabilidad, ya definiré esto más adelante.

El hombre tiene mucha más urgencia como ente sexual que una mujer. Si no lo saben, pregúntenles a las damas cuántos meses o incluso años han podido vivir sin actividad sexual ni masturbarse sin ningún tipo de problemas. ¿Y nosotros? Bueno, lo imperante de esa necesidad es la fuente de poder de las voluptuosas y lo que la convierte en nuestra analogía del supermercado en un filete premium, mientras que a nosotros, nos convierte en los compradores que no dejan de comprarlo por más que suba de precio… nosotros, en el mejor de los casos venimos siendo el Bofe. Pero nos pusimos ahí solitos.

Vamos a añadir algo más a la desventaja de ser hombres que nos hizo terminar pagando todas las cuentas. Este algo, es la agresiva competencia física entre las mujeres en un chapi-estado como este, donde el estarbuenismo* se ha vuelto nada menos que una profesión y una manera de vivir. Sea que se trate de una hecha de todos lados, la que se faja en el gym o la que hace ambas cosas. Entonces ahí entra en juego lo del producto posicionado, mientras más deseada es una mujer por su físico, entonces más se "cotiza". Esto es también lo que ellas equivocadamente pasan a sentir que es como un "super poder", el hecho de que muchos se le quieran comer el filete. Es cierto, lo llevan presente entre la frente hasta mientras caminan en el supermercado llenando el carrito. Y aclarando, que hay muchas mujeres que no les pasa por la mente ejercer el chapeo, pero de todas formas necesita esa vaina, porque viene siendo un paradigma común el traducir la aprobación y adulación pública en "autoestima". De esta manera, los *likes* y los *coments* de tígueres* sofocao'* son el alpiste de sus egos.

En palabras más llanas, una tipa criada en RD tiene que estar muy de na'* o explotá'* para estar dispuesta a pagar cuentas divididas en una cita con un hombre, así el tipo se esté rajando de bueno. A menos que ella sea europea, gringa recién llegada o educada por una de estas. Y, aun así, recuerdo una mujer que le mandó su tarjeta de presentación con un amigo suyo a un amigo mío, que luego de él contactarla, quedaron para salir en la noche. Mi amigo es policía, apenas sargento en esa época y ella una arquitecta con su propia empresa en una torre. Ella no tenía ningún atributo ni encanto físico en absoluto, pero aun con su muy buena condición económica, ella no esperaba ni siquiera cuentas compartidas, sino que mi amigo pagara los tragos de ambos más los del amigo gay que ella llevó al encuentro. Porque según ella, eso es lo que hace un caballero.

En su origen, esta cara del patriarcado no se estableció gracias a la mujer, sino al machismo de antaño, cuando se podía entender que la mujer no trabajaba porque se encargaba de la casa y los hijos. Es decir, eran un equipo donde el hombre trae el sustento y la mujer se encarga de los hijos y la casa. Pero ajá, muy conveniente ahora… un pie en el siglo XXI para todas las libertades y derechos de la mujer, pero el otro pie en el siglo XX, donde el hombre tendría que seguir al frente de los gastos, aunque ambos producimos ahora. ¡Pero los hombres no queremos dejar de tener sexo! así que al parecer en ningún momento intentamos entrar en polémica por eso. Es como si para los hombres fue más fácil echarnos a competir uno con otro para ser o aparentar ser mejor proveedor que los demás. El imperialismo vive del capitalismo, el capitalismo vive del consumismo, el consumismo vive de los deseos de los individuos y de su individualismo. Comento esto, sólo para plantear suspicacia, para que pensemos, si las cosas están funcionando así por casualidad o si ha sido construido por el sistema.

Como si fuera poco, sigamos añadiendo peso en la desventaja económica que hemos ido aceptando los hombres. La crianza del mero macho, es decir; nuestros padres nos enseñaron a que a las mujeres hay que "hacerlas felices" y debemos ser caballeros. El que invita y paga en aras del cortejo y posterior entrega de placer es el hombre.

Estos preceptos patriarcales fueron creados en un mundo muy antiguo, donde los hombres conquistaban y peleaban las guerras, y por lo tanto estos escribían la ley. De ahí es de donde viene el rol de sumisión y conformidad de las mujeres, que aunque se hablara de adulterio y las apedrearan por esto en tierras de religiones abrahámicas, habían sin embargo tabernas para los hombres. Estamos seguros de que no apedreaban a las prostitutas ni al hombre que iba a ser atendido a dichas tabernas.

Casi toda la ley que los hombres crearon, con la excusa de que las mandó a decir Dios, fue usada para joder a la mujer, especialmente por culparla de nuestra expulsión de El Edén.

Está bien desear a una chica con un lindo físico, es natural. Es más… fuera de toda hipocresía, ¡es importante! porque el que nos llame la atención no lo inventamos los hombres, sino la naturaleza, contrario a lo que piensan las mujeres de baja autoestima que han justificado el abandono físico disfrazándolo de auto aceptación, esas que nos acusan de que algo anda mal con nosotros porque deseamos a las de buena figura. Lo que no es natural, es todo lo que como hombres nos rebajamos a hacer para llamar su atención, sólo porque hay muchos más que ruegan por la misma, para colarse en su fila de prioridades.

Vi un post muy certero que decía, que para las chicas llamar la atención y causar revuelo sólo necesitan subir un *selfie*, aunque se disfracen de tanto filtro. Pero, por esto muchos le manifestarán que es deseada y valorada… Incluso a los niños o los perritos.

Pero en cambio los hombres; para ser valorados, recibir *likes* o reacciones, debemos o primero ser famosos o subir nuestros logros; ya sea autos lujosos, o la buena vida, que consiste en vacacionar con frecuencia en lugares pretenciosos. El hombre necesita mostrar todo lo que le añada peso a la idea de que a este le va muy bien, para que tal vez, le muestren un gesto de admiración. Incluso, para dejarnos cruzar la calle es más difícil que alguien se detenga, o mejor ejemplo no hay que el día de los padres en contraste con el día de las madres, independientemente de que tengamos una cultura matriarcal por la alta taza de madres solteras y de padres irresponsables en nuestra dominicana cultura.

Amigos, ciertamente en la vertiente social estamos en desventaja. Pero el asunto aquí es descubrir que en la vertiente natural no. Mientras más tengas que confiar en tener cosas y darles cosas a las chapiadoras, entonces, más te alejarás de la confianza en ti mismo, que es tu fuente de poder. Entonces si te vieras sin cosas, estarás convencido de que eres menos, y esto sí que es realmente renunciar a tu poder. También perderás o seguirás perdiendo el enfoque en las cosas que naturalmente sí son atractivas para ellas y que sí necesitan las damas.

Sólo hay que fijarse que por más que se mientan a sí mismas con que el dinero está primero o es lo único que las "excita", casi siempre están enganchadas con un tipo que por lo general es un imbécil o no representa nada en cuanto a progreso, pero les dan el sexo de sus sueños. Si no, el caso de la que se sincera consigo misma y tiene al que le provee y también al que le gusta. Como una de la televisión que le quitaba a un político y de ahí mantenía a un novio más joven que ella.

Está demostrado que la mujer a quien más admira y respeta, es al hombre que sabe decirle "no" y al que sabe reaccionar neutral o hasta indiferente frente a su presencia, ante la que muchos no disimulan las ganas, de esos que cuando menos, actúan con una amabilidad exagerada. Resistirlas, equivale para ellas en carácter. Carácter significa para ellas fuerza y sólo con un hombre que consideran fuerte se sienten protegidas.

Incluso las mujeres "empoderadas" siguen teniendo la misma configuración genética. De hecho, una empoderada, todavía con más carácter va a requerir a un hombre.

Es incluso paradójico; por un lado, a todos nos gusta el poder, eso incluye a las mujeres. Pero fíjense, especialmente en las relaciones jóvenes, que una mujer se aburrirá más a la corta que a la larga de un hombre al que ella maneja a su antojo. Sentirá la necesidad de ponerle los cuernos* con mucho mayor facilidad con la que se los pusiera a un tóxico, más aun viviendo en una misma casa. Aunque, eso refiriéndome a una relación real, porque eso es lo que toda chapiadora quisiera, tener un títere por esposo. Pero a una mujer controladora con un hombre mamita*, lo único que los mantiene juntos es el vicio de ella tener el control, exactamente el mismo factor que más la aburre. Por eso no será casualidad que la mujer en muchas ocasiones ande de mal humor, pero sólo para él.

A los demás los saludará con la calidez del sol de la una y su cara junto con su ánimo se volverán a transformar después del saludo si él anda a su lado para ver su cara.

Me da gusto decirlo aquí, para que las damas sepan que sí, los hombres conocemos esos guardao* que se ocultan detrás del truño*, allí en el fondo como un concón* viejo. Podemos saber cuándo el truño* es con nosotros y no con la vida.

Una de las cosas por las que muchas veces no nos comprendemos los hombres y las mujeres es exactamente la misma razón por la que nos complementamos. En la mujer predomina la actividad cerebral en el hemisferio derecho, que las hace más emocionales. En los hombres el hemisferio izquierdo, que nos hace más lógicos.

Claro, y discúlpeme la generación de los reguetoneros, pero para haber lógica; es lógico que tiene que haber un grado de conocimiento y cultura general, aunque no sean grandes luces. De forma que una mujer, si es aunque sea medianamente inteligente, necesita un hombre con la mente amueblada. No tiene que ser un Einstein, pero al menos que pueda hablar de diversos temas, que no sea sobre los demás ni de marcas de carros o cosas, sino que también pueda hablar de ideas. En el menor de los casos, tan sólo un hombre con suficiente astucia, aunque sea sólo para los negocios.

Pensemos de momento en que todos los sistemas colapsen y quedemos en un mundo postapocalíptico, en el que el dinero no sirve más que para hacer fogatas. ¿Qué se nos puede ocurrir que las mujeres irían a priorizar? Es obvio, su instinto de sentirse protegidas les haría priorizar un techo a las que no lo tienen. Si no, hacerse de quien lo tenga. Pero ahora, visualicemos el escenario donde un gran terremoto no dejó más que piedra encima de piedra, que tampoco hay casas. ¿Qué irían a priorizar? Se los dejo de tarea.

El fin de este tema es tratar de recordarnos a los hombres que sí somos valiosos sin una estúpida carta de presentación pretenciosa, sin necesidad de frenarle en una Cayenne a la tipa de los 200k seguidores. Si eso es lo que ella espera, es únicamente porque para algunas está funcionando. Muchas que creen que lo merecen, ven que este nunca llega, por lo que tienen que hacerle el coro al que llega en el K5, en lo que se resuelve el caso. Está bien cuando es verdad, felicidades al que puede llegar en una nave espacial porque su *status* se lo permite... y es más, si el hombre fuera más inteligente que instintivo, le va a frenar a una que aparte de estar buena, también sea exitosa.

De otra forma es mentira, y de las mentiras y las situaciones forzadas sólo viene dolor tarde o temprano.

Réprobo hombre, debes soltar el convencimiento de que necesitas el aparataje como medio para atraer mujeres, porque en lugar de venir a ti, vendrán… pero por lo tuyo. Si no, levanten la mano todos a los que una mujer los dejó cuando quebraron o cuando las cosas le fueron mal.

EL SÍNDROME DEL MERECEDOR

A todos nos caracterizó un sentimiento de dependencia en la niñez, al saber que papá y mamá proveían. Pero, en todo el reino animal no es natural anhelar ser el dependiente de alguien. Esto es completamente contra natura si contemplamos nuestras propias maravillas fisiológicas hechas para adaptarnos y sobrevivir. Acomodarse a esperar el gusanito en el nido no es para nada un acto de supervivencia, a menos que sea un salto muy grande de la evolución el vivir de los más pendejos.

No sólo las chapiadoras padecen el síndrome del merecedor, y es también un rasgo propio del malagradecío' al que sólo el hambre le refresca la memoria. Podríamos estar hablando de cualquier persona demasiado acostumbrada a recibir ayuda y favores o que sean jevi* con ellos. De hecho, les pasa a muchas chapiadoras porque se sienten plenas demostrando su bendición de ser la "nueva rica" de la familia. Entonces, nadie tiene más hambre ni más necesidades que la familia de la chapi que encontró su viejo. Son como un agujero negro, y por eso, por más que el viejo le dé, ella parece echarlo en un canasto roto. Porque paran visitándola para atacar su nevera y pedir cerveza a cuenta de ella. Sino la prima que nunca falta, la que le manda por WhatsApp la receta de un medicamento que necesita para el hijo más pequeño, o para la cándida. Cuando no es su misma madre que se hace embajadora de resolver los "problemas" de toda su familia, contando con la "bendición" de la "nueva rica", dado que esta cree, que la hija es su herramienta para quedar bien con todo el mundo, en su deseo de que la condecoren como la salvadora de la familia, a veces hasta del particular, siempre y cuando lo logre con lo ajeno.

El síndrome del merecedor es la misma causa que crea niños tiranos, derrochadores y caprichosos. Así mismo, el caso del niño es más sencillo de explicar; el niño se da cuenta de que sus padres no paran de comprar su "felicidad". El gran fallo está en que en esta costumbre, la expectativa del niño nunca se llena, o no dura mucho en botar la fiebre de la adquisición y querer otra cosa, así no sepa qué es lo próximo que quiere. Los padres confundidos por la noble filosofía de "darle todo lo que nos faltó" creen con todo su ser que le están haciendo un bien al hijo, pero a cambio le están quebrando la capacidad de asombro y le están engordando las expectativas, porque dichos tyniños pasan a creer que por el solo amor merecen el mundo y que sus padres deben dárselo y punto. Lo sé porque solía ser esa clase de padre, mi hijo tuvo regalos y privilegios desproporcionados porque me convencí de que eso era expresar mi amor. Es fácil caer en esa adicción como padres que venimos de una época más austera, esa de darle "lo que nunca tuve". También es adictivo, porque como padres sentimos que quedamos bien con nosotros mismos, de la misma forma que un religioso cree que la ofrenda lo acerca a Dios. Así es como tuve que ver su cara, esa que saben poner para demostrar que los está matando el aburrimiento, mientras están montado en los juegos de Scream Land por el que tantos niños matarían.

Ahora analicemos el síndrome del merecedor en el adulto, específicamente en las chicas para comprender más fácil a la chapiadora.

Una niña un día tendrá su menarquía (primera menstruación) y poco después los antojos de muñecas y casas de Barbie pasarán a ser otros. En el caso de que siga cumpliendo años físicamente pero no emocionalmente se estaría tratando de la misma niña, aunque con otro nivel cognitivo y conocimiento de los códigos sociales. No mucho más tarde, en vez de un Fisher Price quisieran que hubiera un reguetonero que les dé una Jeepeta del año como a una reguetonera, o una modelo en uno de tantos videos. De hecho, les llega la frustración porque a otras le ha pasado y a ellas no. Aparte, de que ese es el mensaje que le están metiendo y reafirmando en esos mismos videos de reguetón; eso de que un guanajo latino, vago y con pinta de deportao' debería llegar a ellas con una Mercedez Benz de regalo. Pero sobretodo porque viven pendiente de lo que las celebridades de ese mismo perfil le regalan a la novia que es de su misma línea "artística". Porque no saben que parte del trabajo de que todos quieran ser como ellos, es mantenerse haciendo ruido con la supuesta opulencia. Los que saben, saben que todas esas cosas pueden estar siendo movidas y pagadas por los managers, para que el artista mantenga el "sonido" y todos recuerden que quieren ser como él y como ella.

En lo que es natural, un adulto no es aquel que tiene cédula, la madurez es proporcional a como una persona aprendiera a priorizar y a manejar sus deseos y frustraciones, pulir su patrón de decisiones y de paso, cuando es capaz de conseguir lo que necesita por sus propios medios.

Cuando el cachorro pasa a león obligatoriamente caza o cuida la manada. Pero podemos ver muchos carajitos* con más de cuarenta años, así como hombres con veinte.

La madurez; más que la edad, es saber priorizar elecciones y saber ubicarse. Este fenómeno fue explicado por Carl Jung[5] como el *Puer Aeternus*, que quiere decir niño eterno u hombre niño, siendo según Jung; un producto del apego a la protección de las madres, así como ausencia o pasividad volitiva del padre, entre otros factores. En dicha teoría, Marie Louise von Franz[6], "profetizó" que la abundancia de los hombres niños, sería a mediados del siglo XXI extendida por el mundo, bautizando esto como "el problema del *Puer Aeternus*". Von Franz se sentía indignada tras cada conferencia, al ver la poca importancia que parecía tener la seriedad de dicho problema para sus interlocutores. Su teoría resulta certera, especialmente en las culturas más matriarcales, destacadas en latino américa, si comparamos el estado económico, político y cultural de occidente con el resto. Claro, que sin contar a los que aun se andan matando por religión y peleándose por Jerusalén. Aun así, el hombre occidental promedio es un extremo del enanismo mental comparado con un israelí, que a sus 22 años ya tienen formación militar y manejan entre 5 a 12 idiomas como lo básico, en pleno comienzo de su vida adulta.

El merecedor que alberga a su niño eterno, porta una actitud caprichosa al no haber alcanzado un buen manejo de la relación realidad-deseo, por lo que cree merecerlo

---

5. Carl Gustav Jung, Psiquiatra y pionero de la psicología profunda de los más leídos en el siglo XX.

6. Marie-Louise von Franz (2006), El Puer Aeternus. Editorial Kairós, SA. Barcelona.

todo. De la misma forma en que todo muchacho demasiado apoyao'* entenderá que se merece todas las recompensas sin esfuerzo o con el mínimo esfuerzo. Así es como crecen muchos, que dejan una gran parte de su personalidad en el niño con un bajo umbral de frustración y merecedor de todo por nada, según su amor propio.

La peor sombra de esto, en el caso por ejemplo de las chicas, es que nunca la chica o mujer merecedora entenderá que si alguien le baja la luna es porque ese alguien es muy bueno, noble o especial. Sino que es simplemente porque ella se lo merece, y lo que más tiene en su mente es que si no eres tú quien le bajará la luna, simplemente será otro. Porque ella entiende que está buena y que por eso hay ciento cincuenta tipos más que le tiran por Instagram que "tienen sus cuarto*" y que se le quieren comer el filete. Por esta razón, hasta que esas chicas sobradas de opciones no alcanzan cierta madurez, podrán percibirse muy inestables cuando se está haciendo la diligencia de conocerlas. Al mismo tiempo, con muy poco tiempo de aparición y atención para una conversación de calidad, aunque ella carezca de oficios y no haga nada durante todo el día, lo que también se conoce como "*ghosting*".

Amigos, o se la pasa hablando con su afixie*, o habla como con diez tígueres* más, y los va subiendo de peldaño a según le parece que el tipo sangra* o la impresiona.

¿Ayer parecía muy emocionada hablando contigo y hoy sientes "interferencia" sin que esté ocupada? Triste pero cierto… te bajaron de peldaño. Pero si te sientes bien con eso, no te preocupes, te volverá a abordar con emoción desde que se le caigan o se le desaparezcan los que estaban peldaños más arriba. Si no, cuando simplemente necesite un favor que esté en tus dominios.

Ahora vamos a utilizar un punto de vista interesante que empezará con una pregunta. ¿Quién existió primero, los padres o el hijo? Obvio los padres. El hijo caprichoso, ¿nació caprichoso o es un producto? Medítese bien antes de responderse.

De esta manera vamos a dejar expuesto que la chapiadora no existe por sí sola, es un producto. Creado gracias primero a los grupitos que les funciona; capos, funcionarios, peloteros y empresarios. La chapiadora ha existido en todos los tiempos, sólo que en otrora era una minoría con astucia, discreción, sutileza, y que de paso nadie admitiría. Ahora que se perdió la vergüenza, la madre de todos los valores; lucir como chapiadora, vestir como una, hablar como una, pensar como una, se ha convertido en algo de lo qué enorgullecerse. Algo así como una "nueva raza", de la misma manera en que muchas también disfrutan autodenominarse "tóxicas". Creo que es simple de entender por qué una mujer podría enorgullecerse de este adjetivo; por la creencia de que a ella le queda bien, ya que hay que aguantarla con su beligerancia y malcriadeza, disque porque ella está buena, o al menos lo cree.

PROTAGONISTAS DEL CHAPEO EN RD

Hay varios responsables de convertir el chapeo en una normalidad en RD y que han hecho escazas a las chicas que no están en ello. Dos de estos ya los mencionamos desde el inicio, estos son; los viejos con cuarto desde empresario hasta político, los capos y los peloteros. Pero hasta aquí tiene sentido, porque estos tienen con qué y cada quién es feliz con lo que hace con su dinero. El caso serio es cuando se quieren igualar los clase media ahoga-tarjetas, que al ser mayoría, empujaron más este fenómeno a su normalización. Pero no pueden faltar sus antagonistas; las Colombianas y Venezolanas, sin ánimos de ofender a las que son excepción. Pues ellas mismas me darían la razón, porque saben que las ciudades de Colombia se volvieron estados de prostitución demasiado avanzados, en el sentido de su normalización y abundancia.

Las chicas de ambos países del sur tienen mucho menos filtros que aquí, por lo que pueden ser demasiado claras en su objetivo si las llegamos a abordar por Tinder o por cualquier red social. Así que a veces van violentamente al grano, porque no quieren perder su tiempo y están cansadas de que muchos tipos hagan como el que entra a una tienda;

de esos que preguntan el precio de todo, pero se van sin comprar nada. Ellas necesitan filtrar de una sola sentada al que va a pagarle por la salida o al que es muy buen candidato a chapiar. Para ellas es muchísimo más normal la prostitución que aquí, y sabemos que el chapeo es sólo una conducta derivada de la misma. Cultura que trajeron desde la apertura del Doll House, hasta el flujo más alto de migración colombiana a RD, que tuvo lugar desde 1999 a 2001. Esa la primera oleada masiva, porque en 2023 se registra un récord a nivel mundial de emigración colombiana. Tan sólo en un año, se superó el número de emigrantes de los dos años récord del 2000 al 2001. Esto atribuido a razones lamentables de la recesión económica de su país. Sea como sea, son personas cálidas y les gusta trabajar, además de ser en su mayoría personas estudiadas.

Es fácil entender a los clase media que quieren forzar para darse o tener su chapiadora. Es cada vez más improbable ver mujeres que estén duras que no estén esperando un trato de reinas y a quien se los dé. Entonces, estos elementos se entregaron a la dedicación de competir los unos con los otros en la carrera de aparentar ser.

Todo esto, para algo tan simple como entender que eso les garantizará tener sexo más frecuente y con mujeres de "mayor calibre", a las que sólo accederían en ciertas monturas y demostrando que sus coros* son de cierto nivel. Hay los que van hasta en bola* para dejar demostrado en su perfil de Instagram, que están a cada rato en Cap Cana, Casa de Campo, Metro Country Club o cualquiera de esos sitios a los que se puede ir a lo ajeno y sin tener ni un peso.

No sé si es algo que me haga especial, o si me hace estar mal de la cabeza… pero yo siendo chapiadora, al que me frene a impresionarme en un yipetón o un deportivo, yo le diría que me abra la *app* de su banco, en lugar de hacer creer que la montura por sí sola explica su realidad financiera. Se sorprenderían de cuántos andan josiando* lo de la gasolina y a veces con tres meses de atraso del pago del vehículo en cuestión.

Me llega a la memoria el caso de una colombiana muy bella, parecía bajada del mismísimo Olimpo, que se enredó con un tíguere* más feo que un cólico en la UASD[7]. (con los baños lejos, sucios y sin papel) Porque por supuesto, este andaba en una Infinity del año en los tiempos en que eran la verdadera nave, en el año 2006.

El tipo la preñó en menos de lo que dura un secreto en un salón de belleza. Pero este resultó ser el chofer del verdadero dueño del vehículo, y vivía por La Puya[8] de Arroyo Hondo en casa de Zinc… que destino manita.

La menos culpable del fenómeno chapeo es la misma chapiadora. Porque, ¿a quién que le den no coge? Pues, coge hasta el que tiene. Entonces las chicas miran a su alrededor y ven a una generación de tarados que se quieren disfrazar del reguetonero, tipos sin temas de conversación pero que hablan con la cartera. Pensarían ellas, ¿por qué debo yo quedarme atrás si estoy buena? Y, no seamos hipócritas, si diez le están tirando por Instagram y si los diez le gustan, va a corresponderle al que de paso está mejor en lo económico. Eso suponiendo que la tipa es sana, porque si no, le va a hacer el coro al que más tiene en automático, aunque esté pasado de edad o aunque parezca a Freddy Krueger.

---

7. Universidad Autónoma de Santo Domingo (UASD). *Utilizado como referencia, porque el sistema de RD suele ser extremamente descuidado en la higiene y funcionamiento de los baños de uso público, entre otras cosas que estarían aparentemente "tras bastidores".*

8. *Sector pequeño y marginado de Santo Domingo que colinda con el que fue el más exclusivo sector una vez; Arroyo Hondo.*

ACONDICIONAMIENTO SOCIAL Y CANONES

Nada más hace un artista estar de moda y en la idea femenina de que está buenísimo para que salga de debajo de no sé qué piedra una horda de tígueres* y tigueritos, queriendo ser la réplica de dicho artista a la mala. Ese corte hacia un lado le queda perfecto a Maluma, pero hay muchos tígueres* desrizados que no se enteran de que el force se le ve ridículo. Hay cortes de pelo, que si usted tiene el pelo malo, ni con línea Sebastian ni con BPT le va a quedar como el que tiene el pelo bueno. Es decir, cada imagen con su tema; hay cortes que les queda muy bien al pelo crespo y al morenito.

En fin... cada vez que la chapi se aventura a aceptar una relación real con un pana, el 90% de la veces es alguien tóxico y que de alguna manera se disfraza de uno de sus reguetoneros o su bachatero favorito.

Detrás de cada ruptura, es cuando la tipa baja más decida, más entregá al pecado y a que nada más que le hablen de sus cuartos, que es a lo que ellas les llaman "no estoy en sentimientos". #

En números tentativos, tal vez más del 80% (y me estoy yendo bajito) de las mujeres heterosexuales, están totalmente convencidas de querer acostarse con equis figura de la farándula, que por más ordinario que sea, apenas estando lavaito* por el dinero, le juran a Dios y al diablo que "fulano está buenísimo".

En la caja de cualquier banco hay trabajando un joven verdaderamente apuesto al que nunca mirarían. Esto al menos teniendo muy claros nuestros cánones sobre la belleza. Sin embargo, ese mismo bachatero con el que ellas mojan sólo porque se identifican con sus canciones, si lo ponen a vender aguacate en una esquina, ni siquiera lo reconocerían y para nada estaría "buenísimo". Este ejemplo es sólo para exponer la idealización que trae el dinero y la fama de cualquier ídolo fabricado.

Volvamos a apelar a lo que decíamos antes sobre lo natural y lo salvaje; por más que a la mujer disque le guste el hombre que se vea serio y recortadito bajito, en el caso común esa es sólo su concepción de lo "correcto" y lo "formal" y del tipo al que pueden domar o controlar. Aunque claro, aquí hay que distinguir entre el recortadito que luce varonil macho alfa y el recortadito que simplemente se le nota que es un peón de oficina con un peinado como el de Mr. Bean. Señálenme a las que no se ponen malas con los vikingos, o con la figura salvaje de un Jason Momoa, estereotípico de pelo y barba largos. Tan tal, que cuando le dicen "Aquaman" a un tipo, la comparación no es otra cosa que un piropo. Lo sé muy bien porque me lo han dicho; mido seis pies, he tenido el pelo largo y tengo el físico más o menos de un fisiculturista. Soy entrenador personal y me preparaba para competir en la categoría Classic Physique.

Esto es sólo para entrar en la idea de que las idealizaciones sobre sus ídolos las llevan a terminar mintiéndose a sí mismas. Claro está, hablo por la mayoría, imposible generalizar.

Dictado por la naturaleza, no inventado por nosotros, una mujer necesita sentirse protegida. Si desapareciera el dinero como sugerí antes, antes de mirar al musculoso mirarán al que tiene su propia casa. Pero si desaparecieran también las casas, mirarían al que la puede proteger por medios naturales como; carácter, fuerza, liderazgo, inteligencia, superviviente, etcétera.

No todas dirán o habrán pensado que les gusta el hombre alto, pero lo que creo que nunca oirán a una mujer decir, es que le gusta el hombre chiquito. No se me ofendan los pequeños, cuenta como chiquito el que es más pequeño que la mujer en cuestión. Aunque hay más maneras de hacerlas sentir seguras, pero esta es la más antigua y la más conectada a la memoria de su ADN. La clave siempre será el trato, así que, si eres un enano maltratador ni siquiera te va a llevar el diablo, tendrás que pagar tu propio Uber al infierno.

CONDICION NATURAL DE LA MUJER

Vamos a referirnos con esto, a la misma necesidad antes citada de la mujer sentirse protegida. El hombre tiene una naturaleza más nómada o exploradora, por decirlo de alguna manera. La mujer necesitaba más lo estable, como estar en la cueva mientras los hombres cazaban, o en la aldea cocinando y cuidando a los niños mientras los indios cazaban. Pero ya no estamos en tiempos del que tenga el garrote más grande, ni el mejor cazador o guerrero de la tribu. De manera que, en el fondo, toda mujer es de cierta forma interesada, sin satanizar el significado de la palabra por favor. La palabra "interesada" también tiene un sentido justo. Lo más humilde que hace una mujer que esté bien de su cabeza, es entablar una relación con alguien que cuando menos, gane lo mismo que ella o alguien que tenga las actitudes y aptitudes necesarias para prosperar juntos.

Fíjense que las mujeres, al menos las inteligentes, para aceptar empezar a conocer a un hombre lo evalúan de la misma forma que un carro en venta. En un tipo de evaluación que reza: "¿Bonito y solo? Hm, algo ta' raro ahí. Vive solo… trabaja y no le va mal. Estudia… pero tiene un hijo. También sigue demasiadas mujeres en Instagram… dice que terminó hace cinco meses con su ex… Hm, esos dos vuelven" entre otros clichés de prejuicios de mujeres que creen que se las saben todas. Esas son las solteras de relaciones más fugaces, de las que dan más consejos de parejas en pijamadas y fiestas, pero por "saber tanto", rara vez terminan estando con la clase de hombre que hubieran querido y termina por tocarles uno que simplemente tenían cerca en alguno de sus círculos. Hombre que terminó aceptando tal vez por tiempo de insistencia con eso de "darse la oportunidad", simplemente porque ya no quería seguir sola.

Ninguna mujer de manera natural, a menos que haya trastornos, se va a meter con alguien que esté peor que ella, porque lo natural es sentirse segura en lo básico. Así que refugio, comida y comodidad no podrían ir hacia atrás. Aunque lo vemos suceder, la tipa que pare cuatro muchachos, el siguiente siempre de un padre peor al anterior, podemos estar seguros de que no es lo natural, aunque una normalidad bastante acogida en la mentalidad de la plebe. Suele suceder en el barrio, en mujeres que nunca obtuvieron la noción de la superación y la mente sólo les alcanza para vivir el sabor del momento. Estas piensan en el coro y el ron de hoy, nunca en el pan de mañana ni en que les gustaría vivir en una casa más cómoda, ni en que sus hijos se van a maleducar en el barrio y en la escuela pública.

Los hombres en cambio no tienen ningún problema si tienen que casarse con una chica que tenga menos posibilidades económicas. Primero, porque simplemente nos importa menos y segundo porque la idea del caballero con que nos han criado, en algunos casos nos hace hasta sentir bien ser algo así como el héroe de alguien.

RAZAS Y RACISMO EN RD

Aquí en RD, como en casi ningún lugar del mundo, nadie va a ver una mujer con dinero recoger a un jodío. Pero sí van a ver con frecuencia al tipo de buena familia que rescató a una venezolana que nada más vino con el pasaporte. Pero no es sólo eso, también en el aspecto racial.

Nadie va a ver aquí en RD a un rubión* que se case con un moreno ordinario, con muy escasas excepciones a menos que sea como el caso del pelotero que renunció al morenaje, pero no por amor a mano pelá, bebé. Tampoco verán a un mujerón que ya tiene dinero casarse y parirle a un tíguere* feo, ya luego hablaremos sobre cómo nos tratan a los hijos según su apariencia en RD, cosa lamentable, pero cierta.

La tendencia a mezclarse se vio en mujeres que nacieron en un campito o pueblito, que eran las descendientes de los españoles que se asentaban en pequeñas comunidades huyendo de la opresión de Boyer[9]. Estas, aparte de humildes no eran nada selectivas, por lo que se hicieron pareja con lo que tuviera más cerca y pronto se mezclaron. Hasta el día de hoy son las protagonistas del mestizaje nacional, porque no veían otra cosa que un hombre para que proveyera.

---

9. Boyer Jean Pierre, *político y general haitiano que invadió el lado español de La Hispaniola favoreciendo a los franceses en 1822.*

Fíjense que eso era antes, que se decía que las mujeres de Ocoa parecían irlandesas, o igual en Baní, que también fue asentamiento español. Ya es raro ver un tipo rubio y de ojos claros en Baní con menos de algunos cuarenta años de edad. O a lo que le decían mujeres de ventana, porque eran hermosas de rostro y senos, pero también canilludas.

De hecho, podemos ver que en el sur, mientras más cerca de la frontera es, la gente más ligada está con nuestros vecinos del oeste, los haitianos.

Las personas en la isla, que conservan un "racismo sano" (no los odian, sino que rara vez les gustan las personas de piel oscura) son los que están en el Cibao.

Por eso muchos conservan los rasgos de sus ancestros españoles y también libaneses.

Antes de que llegaran los colombianos y los venezolanos, si la gente se encontraba a alguien bonito o fino le preguntaban; "¿tú eres de Santiago?", ahora la pregunta suele ser; "¿tú eres venezolana?"

La belleza de la vegana y la mocana estereotípica es de piel blanca y pelo negro azabache, en Jarabacoa por ejemplo es más de descendientes españoles. Aunque ya todas las razas están en todos lados, pero les aseguro que en un solo día no vamos a ver tantas personas de tez clara en RD, pelo lacio u ojos claros que si andamos entre Santiago, Moca, La vega y Constanza. En la fila de un banco o donde sea en Santo Domingo se podría sacar con pinzas a un caucásico, incluso, alguien de piel amarilla, aunque aquí le dicen "blanco" a todo el que no sea de mulato en adelante.

Entonces, la señora del pelotero parirle al pelotero no fue de gratis. Vamos a ver si es verdad que ella le hubiera hecho coro* de ella también haber tenido su fortuna.

Mujer con fortuna sólo mira hombre con fortuna, y con rasgos para mantener su raza. Porque como dije antes, y discúlpenme, pero así funciona; ellas saben que mestizar a los hijos en este país, sin algo muy bueno a cambio, es hacerles una maldad.

He visto un niño rubio y con melena tumbar un monitor en un centro de servicio al cliente, y la gente se le ríe y le hacen gracia. Mientras, también he visto como por menos de la mitad que eso, le echan un boche público a un niño morenito, boche que de paso es también para la mamá por no controlarlo.

Hay que admitir que por razones de arrastre histórico este es un país "racista", dicho entre comillas porque no hay odios entre diferentes razas, de hecho, predomina ya la piel oscura. Las mujeres y hombres a los que menos les importó cruzarse fue a los sureños.

Lo que también es cierto es que el perfil del negro, aquí y en casi todas partes del mundo está más asociado a conductas más salvajes y menos reservadas. No por casualidad, sino ganado a pulso.

Es decir, que cuando digo racista entre comillas, no es porque rechazamos a los de piel oscura, porque igual cerca del 80% en RD ahora lo es. Pero está demostrado, que una mujer no va a agarrar tan fuerte su cartera si al lado se le para un chico que parece europeo que si al lado se le para un negro. No lo invento yo, así es como sucede.

Retomando; al menos que la tipa vaya a bolsillo pelao' no va a arrojar sus hijos caucásicos a ser mulatos. Sí suele darse mestizar los hijos a cambio de nada, pero en mujeres de *status* social e inteligencia por debajo de la media.

Aunque, claro está, aparte del tema casarse por comodidades, siempre vamos a ver una que otra que termina pegándole un cuerno de largo plazo al esposo con un tipo clase media o hasta humilde, sin importar su raza. Esto sigue poniendo en evidencia lo que tocamos en el tema de "El Marketing Sexual", que sin importar que una mujer haya logrado la posición y comodidad deseada; su naturaleza física y su satisfacción sexual puede estar envuelta en su plástico, como si nunca la ha experimentado o como si la olvidó… en el peor de los casos su satisfacción afectiva también. Entonces viene este pana* de Herrera a levantarle el ánimo y calentarle el oído mientras le hace la jardinería, ¿y ustedes qué creen? Así es como el mundo está lleno de cuentos del tipo que conoció en el gimnasio, o el que trabaja para el esposo, que como tiene contacto verbal o de chat con ella, el tipo le empieza a mover la libido sin necesidad de ser un experto de la seducción, sino por regar esa florecita con el agua que no le echa su esposo. Aunque no sea del agua más clara, regar y regar la florecita hace que la flor crezca y hasta que… se abra. Pero, una cosa es segura, no importa cuánto le guste el tipo, la mujer no va a renunciar a su vida de comodidades y a caer del Evaristo Morales al Abanico de Herrera.

En forma resumida;

1. Una mujer hermosa, y no sólo en RD, sólo se casa con un tipo ordinario o feo para elevar su *status* y el de sus hijos. Pero ya dijimos, tal vez en pueblos y si son pobres ambos sí, donde quiera hay mujeres que sólo miden el buen trato… o incluso el buen sexo.

2. En el peor de los casos las que piensan en modo "esto es lo que hay".

3. Una mujer que ya tiene *status* se casa con alguien con *status* para juntos elevar el patrimonio. No lo coge

como venga, algo debe gustarle de él. En el menor de los casos, si el tipo no le gusta, estará segura de que no le disgusta, ni le hace hijos mulatos ni negros si ella de por sí no lo es. Así funciona en RD, para mujeres con inteligencia por encima de la media, que saben el significado de sacrificar su etnia.

4. Un hombre ordinario y con dinero casi siempre se va a casar con una mujer muy linda, aunque esta no tenga nada, para sentirse bien acompañado y refinar su raza. Esta conducta está además condicionada desde las civilizaciones de la antigüedad, cuando la mujer era algo como la mejor "pertenencia" que los hombres debían pavonear. Lo saben bien los que hacen las series donde se recrea la vida romana.

En dato adicional; no existe un negocio más lucrativo en la tierra que el matrimonio para las mujeres "rescatadas", porque entran sin nada y salen en algunos cinco años con la mitad de lo del tipo, se queda con la casa porque se queda con los hijos, más lo que el gastó en ella y su juventud intacta. Como si fuera poco, el tipo está obligado a pagar manutención y a aportar en gastos extraordinarios como los escolares, cumpleaños, etcétera... ah, también ella queda más muñeca por los buenos tratos que pudo darse en esos años.

El tipo sí que va hasta a caer posiblemente en vicios y a gastar en terapias y pastillas la mitad que le quedó, porque no se lo esperaba de ella. Mientras, ella andará como la más bendecida y plena desde el día uno, subiendo frases de empoderamiento y superación, porque muy posiblemente siempre estuvo premeditado. Pero las mujeres no negocian ni parten a la mitad su *status* con nadie, ¡y esto no está mal! y es a lo que me refiero con que son interesadas. Hasta ese punto está bien… y los hombres deberíamos hacerlo igual y cada quién responsabilizarse por su propio crecimiento. Aunque siento que así no les gustó a algunas mujeres. (me rio por dentro) Cuánto rechazan la palabra 50/50 si es para pagar la cuenta en una cita, pero cuánto la aman cuando se trata de divorcio, aunque todo lo haya construido el hombre.

LOS CUATRO TIPOS DE HOMBRES

Hacer un contraste entre lo natural y lo que ha sido impuesto por las religiones y las leyes, es en casos como este, una herramienta poderosa para remover mentiras, debajo de las cuales veremos la verdad.

El único animal en este mundo, obligado por la moral y la religión a la monogamia es el hombre. La naturaleza es muy clara con los roles que le dio a cada espécimen en la tierra. Así mismo el hombre trae con la testosterona un tipo de insaciabilidad, especialmente por la diversidad (no con la misma mujer) que ninguna mujer entenderá, porque simplemente somos hormonalmente diferentes. Sólo fijémonos a ver si la libido y la producción de esperma de un hombre se detiene en los días que la mujer está imposibilitada o embarazada. El gallo podrá ser muy precoz con una sola gallina, y ni la vuelve a mirar por un buen rato después de pisarla, sin embargo, puede pisar de 12 a 20 gallinas una detrás de otra. No lo invento yo y ya lo expuse antes, no es sólo cultural y por machismo que la infidelidad es masivamente protagonizada por los hombres.

En este tema puedo sentir como si algunos hombres se van sonriendo, pensando en que apoyaré un movimiento para la poligamia, la que sólo aguantarían si la ejerce sólo él pero no ella… ahí no les gustó ¿verdad? si no es en plan "yo sí y tú no". Donde voy con todo esto, es que un poder conlleva una responsabilidad.

Como hombre te puedes dedicar a "pisar" cuanta mujer se te ponga en el medio, pero debes decidir esto renunciando a los beneficios de una pareja estable. O bien, tener una pareja estable renunciando a todos los beneficios del casanova. Pero estar en el medio, entendiendo que con mentiras, manipulación y vendiendo sueños vas a tener una mujer en el bolsillo, fiel y tranquilita, mientras sales al mundo como turista de faldas, es un asunto que funciona, pero sólo hasta que deja de funcionar. Y cuando deja de funcionar, y ves que es en serio que la tipa que creías que tenías bajo control se te quitó. Cuando ves que es de verdad que no reacciona a aquello que por tanto tiempo te funcionó, de hacerla culpable de todo. Cuando quedan lánguidos tus intentos, y tus reclamos, y ves que se siente mejor sin ti… ahí es cuando vas a reventar, y no hay sentimiento más bajo y peligroso que el de esa impotencia amigos.

Mientras más seguro estás de tu poder sobre la mujer y mientras de más alto cae tu ego; entonces más duro cae. Mientras más necesitas controlar a alguien, más vas a perder el control sobre ti mismo, cuando ya no puedas controlar la situación.

Hasta aquí, con todo lo explicado nos encontramos en una bifurcación. No se puede estar con Dios y también con el diablo y pensar que saldremos bien librados. Funciona, claro, pero no para siempre. Y hay quienes no aprenden esto ni siquiera con el dolor. Violentar y alterar la voluntad de los demás es literalmente magia negra, y como toda magia negra, tiene su precio. Así que cuando te halen la soga de allá para acá es que vamos a ver si tú eras duro. Debemos estar totalmente conscientes de que debemos elegir una forma de vivir o la otra.

Puede haber cuatro clases de hombres en cuanto al manejo conyugal:

El fiel

Llamaremos el fiel, obviamente al que eligió casarse y respetar los acuerdos y preceptos del matrimonio, o jugar limpio en el noviazgo. Aunque algunos deben haber soltado una carcajada, claro que hay hombres fieles. La mayoría pasamos de los cuarenta años, ya hemos tenido chicas de todos los calibres, y también tenemos la mente ocupada en muchas más cosas constructivas en el día. Por eso me atrevo a decir que es necesario vivir una etapa de darse sus gustazos. Es más, el hombre fiel ni siquiera lo es por ser santo, sino inteligente. Porque la mujer "de afuera" no viene a dar, sino a quitar las tres materias primas de todo progreso; tiempo, energía y dinero. Saber esto, sumado a la experiencia, nos enseña muchas veces a priorizar, y a dejar ir cosas para recibir cosas mejores. Porque nos damos cuenta de que al final del camino, la felicidad verdadera, la que no muere ni depende de otros no viene con el placer, sino con la paz.

De hecho, me atreveré a calificar como fiel también, o si no como leal; al hombre que alguna vez ha sucumbido a sus deseos, pero que jamás permitió que eso afectara en su hogar, sin importar si suena descarado. No al insensato que desvía dinero que se necesita en su casa, que deshace su familia por placeres, y mucho menos al que deja a la esposa por otra. Esa clase de errores debió quedarse en la adolescencia.

El casanova

Es el que vive la vida como una fiesta, y prefiere el sexo sin compromisos. Lo que pasa es que no estamos en suiza, y las dominicanas jóvenes y de buen ver, a menos que se la estén buscando abiertamente, nunca están abiertas al sexo casual. Pero no nos vayamos más lejos; la misma chapiadora se vende como santa y le jura a los tígueres* que llenan sus remesas que sólo están con él. Por más liberal que intente ser nuestra cultura, la mayoría de las mujeres están bastante lejos de zafarse del "¿qué dirán?".

Entonces, el casanova dominicano tiene que mentirle a cada mujer sobre su deseo de conocerla para intentar tener una relación… pero en realidad este sólo quiere un cuero* temporal de gratis con contrato de exclusividad, (y ni tan gratis, eh) y así mismo tiene en conversación a todas las chicas que habrá captado tal vez en Tinder. Eso sí… de lo que el casanova dominicano nunca lleva la cuenta, es que la mujer dominicana pone menos que la coneja, no son suizas ni francesas. Esto significa, que por más modestas que sean las salidas, entre saliditas y saliditas se afecta el bolsillo. Y ¡ay! si se dejó llevar a una discoteca.

Aparte, y repitiendo, no es un holandés, es un dominicano adoctrinado por el catolicismo tercermundista y no uno a prueba de relaciones abiertas. Con alguna se terminará "clavando", y él no va a soportar la idea de imaginarse a otro calzando* a la tipa, por lo que se le hace imposible soltarla. Quiere el "contrato de exclusividad". Tal vez, sólo tal vez, pasa un tiempo tranquilo con esta, por la amenaza de lo que podría perder. Pero si no es que maduró su arquetipo, este está destinado a caer en el tercer grupo que describiremos a continuación.

El indeciso

Aunque es raro llamarle indeciso a alguien que está tan decidido a estar con Dios y también con el diablo. En nuestra dominicana cultura me parece que este es el grupo más común, los casados que tienen su rejuego por fuera. De hecho, suelen andar mucho más desesperados que los solteros. Puede ser parte del paquete de la crisis de los 40.

Quieren tener un pie en la vida de hombre felizmente casado y otro en el del mundo casanova, que tal vez no tanto, a veces no quieren tener muchas, sino una que lo vuelva loco. Estos, creen muchas veces que su esposa o novia con la que vive no se da cuenta. La mujer siente con más facilidad los sutiles cambios, y créanme que la mayoría de las veces lo van a sentir (le llaman sexto sentido) otra cosa es cuando confirma con quién. Por eso, sin el quién ni el cuándo confirmado, la mujer sólo maneja la sospecha sutil, pero calladita, la que causa a veces que nos hagan preguntas suspicaces. Claro, que en estas situaciones no estamos contando a la famosa tóxica, porque estas no necesitan esperar un elemento de sospecha para hacernos un lío hasta con el aire.

Esas son las que más hablan del "sexto sentido" para justificar joder por sospechas tal como por hechas. Pero, es que si sospechan hasta de la brisa con algo la van a pegar, sería como apostar a todos los números y colores en la ruleta. Además, algo que no falla en este mundo es el dicho de que el ladrón juzga por su propia condición. Si todavía lo dudan, sólo fíjense si los papás más celosos con sus hijas no son precisamente los más pica flores.

Los indecisos repiten como disco rayado, un truco en el que no sé por qué todavía existen mujeres que caen en este; se trata del hombre con la típica "relación en crisis", siendo este el que siempre está en el proceso de terminar a su pareja o irse de la casa, con todos los embustes clásicos que el cuento conlleva. Siempre disque tienen meses sin contacto sexual, que sólo está viviendo allí por los hijos, que duermen en distintas habitaciones, que él se irá cuando esté listo, porque si no la mujer le hará la vida imposible para ver a sus hijos, que sólo está esperando que le entreguen un apartamento que compró en planos para mudarse. Y pueden ser tan malditos, que le venden a su mareada* víctima la idea de que se mudarán con ella, disque cuando le entreguen el apartamento o alguna otra cotorra* por el estilo, que se inventa un sujeto como este para ganar tiempo, para así darle mayor uso a su mareada víctima mientras se le vencen sus mentiras.

Los hijos… palabrita esa que se supone que le toque el "punto G" de la tolerancia a la mujer que decida creerle, por su instinto maternal. Ellos lo cuentan de una manera, como si fuera que sus hijos van a pasar a ser sus sobrinos si este se mudara de la casa en la que vive junto con la madre de estos, o como si con eso le va a venir una orden de alejamiento.

El problema para el indeciso ya lo dijimos antes; él está muy bien mientras el juego funciona con sus reglas, pero es el que más se quiere morir cuando la mujer de tantos años juntos se le voltea y cambia completamente el juego… lo que va viene.

Claro, hay las excepciones para todos los casos, hay personas que se portarán bien y recibirán ingratitud y hasta gente que se porta realmente mal que entonces una que otra vez salen condecorados. Pero hay que apegarse a la situación más común como referencia.

La dominación es muy placentera para el lado que domina, es decir, "yo sí y tú no". Pero resulta que precisamente, el que tiene o ansía tener todo el control de la situación es exactamente quien más sufre a la hora en la que pierde el control.

El hombre de amor propio

Creo que todo el mundo entiende lo que es un hombre de amor propio. Es el que no depende de una mujer (tampoco de otro hombre) para sentirse completo. Es el que la mayor parte del tiempo ocupa su mente en cosas productivas. Porque le gusta lo bueno, pero para sí mismo, no para la inerte pretensión de impresionar damas… sí, pero no. Es el que no ahoga su tarjeta de crédito por necesidad de obtener aprobación a cambio de sexo. Es más de viajes, libros y café que de juntarse con panas en un *drink* y rara vez no ejercita su cuerpo. El que en vez de gastarse el dinero en aros o de hacer un lío por un Civic de los que usan los chiperos*, mejor compra buena ropa. El que en vez de discotecas va a conferencias como en el CEI-RD[10] para aprender a emprender, porque piensa en el proceso, es decir en hacer el dinero, no sólo en el resultado que es tenerlo y gastarlo.

El hombre de amor propio tampoco tiene problema con ir solo al cine, así como puede juntarse con amigas y ex con las que quedó bien antes, sin caer en el vicio de la dependencia o seguidilla. Es aquel, que si elige una pareja será

---

10. Centro de Exportaciones, Importaciones e Inversiones de la República Dominicana. (CEI-RD) *dedicado al apoyo de nuevos emprendedores, especialmente en materia de exportación e importación. Brindando un significativo aporte en capacitaciones y conectando al productor o emprendedor con inversionistas.*

una que representa lo que su autoestima sabe que él merece; una mujer con quién construir algo juntos y no una a la que "hacer feliz", sino una que ya sea feliz, por lo que ambos comparten su felicidad.

TIPOS DE CHAPIADORAS

Aunque la meta final de la chapiadora chancletúa* o de élite varían en clases y estilos, al final todo converge en lo mismo, alcanzar todo lo que necesitan y quieren sin otro medio que estar buena (o forzar estarlo) y saber fingir interés o afecto.

A veces puede parecer muy fácil desde el pellejo ajeno, pero tirarse un tíguere* o un viejo que no les gusta encima, es una vaina para las que esas damas se hacen de un estómago de acero. Lo digo en serio, una amiga me contó como terminó vomitándole encima a un señor que tenía muchísimos pelos en el pecho y su sudor olía, según ella, a vómito de niño o a jagua dañada.

Al decir la palabra chapiadora, nos imaginamos que nada más podría ser una tipa que está más buena que el diablo, pero esas son las de élite. Ya llegaremos ahí, que hay de todos los colores y sabores. No todo es chapeo a gran escala a donde no tantas llegan.

Daremos un pequeño tour entre algunos estereotipos y conductas dentro del chapi mundo, así que abróchense.

La Mujer Problema

Este grupo de personajes es algo que sobra y llega solo al igual que cualquier problema. Desde el primer día de conocernos se abrirá que ni en un reality show emotivo. Lo seguro es que sabremos sus problemas, que casualmente no se resuelven con una condolencia o con bajarle el gato de una mata de jobo, sino con dinero. Normalmente con oraciones como "yo ni sé por qué me sale contarte esto a ti, es que siento una confianza muy grande contigo".

También, lo más común es que el problema tenga que ver con un tema sensible, como llevar al hijo al médico o ir ella. Me recuerda la del *voice* que se hizo viral; donde la tipa le pedía dinero a un tipo, porque según ella, su médico le indicó hacerse una autopsia. Yo me persignaría y le preguntaría si de casualidad ella es vecina del barón del cementerio.

Claro está, las más inteligentes o amañadas saben pedir sin pedir. Es decir, una mujer en una conversación con un hombre; le deja saber, simplemente como parte del curso de la conversación, que tiene que hacer tal o cual cosa, pero que aún no ha podido. Esto con la astuta finalidad de que sea el mismo hombre quien le pregunte qué necesita y se ofrezca. Suele funcionar más con extranjeros, pero mientras con más dominicanas estos lleguen a tratar se van a aprender esos códigos* y no van a caer tan fácil.

La Sobreviviente

La primer personaje puede encajar en este mismo grupo. Por alguna razón, este tipo de rol está mayormente protagonizado por muchachas que han venido de un campo con dos mudas de ropa. Aunque bien puede ser de la capital, y pues, ni decir venezolanas y colombianas.

Cuentan con un empleo de sueldo mínimo, por lo que ganan muy poco, viven solas y les gusta lo bueno. Y esto sí es un lío, cuando el gusto les llega primero que los cuarto*.

Las sobrevivientes son niñas que pueden ser lo suficientemente astuticas por las mañas aprendidas en el duro camino de ingeniárselas a diario, y usarlas para venderse por puras. Pero una señal de su instinto de supervivencia puede ser una frecuencia un poco alta en visitar, si vives solo… aunque a veces le da igual que viva más gente en la casa.

Lo más normal es que nunca ha comido y llega cerca de la hora de comer, fuera o no fuera avisado. Obviamente tampoco nos sorprenderá nunca trayendo o pidiendo comida. Sólo viene para atacar la despensa o nevera, con ese fin que luce tan atento y romántico de hacer cena para ambos, o en cualquier salida que signifique comer juntos. Pero claro está, que ella no pondrá ni lo de los vasitos pal' agua. Si creen amigos, que estoy exagerando o creen que están siendo el blanco de una sobreviviente, les pueden poner una pruebita fácil.

Espérate a que cobre si es que trabaja, ya sea que reciba una remesa o *whatever*. Una noche que sepas que viene a casa; vacíese la despensa y la nevera de forma que nada más quede la nalga de un salami y el agua. Cuando la tipa vea que no hay na' probablemente te sugiera que pidas algo o ir al super juntos. Pero no olvides que es una prueba, así que astutamente le dirás que no tienes hambre y que te acostarás así.

No tengo que decirte nada si el resultado fue que la tipa terminó por irse, en vez de quedarse a dormir como de costumbre y que ni en el pensamiento sugirió ella pedir un Pedidos Ya, a pesar de todas las veces que lo has hecho tú.

Ojo, no estoy aconsejando a nadie a ser un muerto de hambre, pero sí a pensar si crees que te mereces a alguien que dos o tres veces de cada diez no haga por ti lo que tú haces por ella. Debes estar alerta si hay una presencia un poco excesiva que siempre implique comer, resolver diligencias suyas siendo tú su chofer, así como acompañar o pedir ser acompañada a hacer las compras. Porque en eso, más fácil falta la CDE un día de corte y no una sobreviviente.

Es bueno agregar que esta conducta no es sólo propia de las chapi-sobrevivientes, también estamos rodeados de "amigos" que lo único que los une a nosotros, es el hecho de que en la amistad él es el único cómodo y en ventaja. Es bueno también observarlos.

La sobreviviente vive de los antojos directos o indirectos, y si pudieras pesar en libras las palabras que salen de su boca en el día; por cada 10 libras algunas 7 serían de antojos indirectos, es decir, cosas que le gustaría hacer o tener pero que no te las está pidiendo, sino disque sólo comentando, cosa también conocida como "tirar puyas".

Coge todo lo que le des y si puede te quita una funda de pan teniendo ella la de hoy, pero para asegurar el de mañana. Puede ser moderada y con algo de tacto para contar sus problemas o esperar nuestro mejor humor, así sea sólo para decir que tiene que ir al salón. Este tipo de mujer rara vez esté con un solo hombre, así sea que lo demás sea chapeo a distancia, dado que su prioridad es sobrevivir y mantener gusticos que tal vez no sean excesivos, pero que francamente no le alcanzarían.

No es necesario ser Euclides ni un genio de las matemáticas para calcular que con sus vanidades en prendas de vestir, con su sueldo de 25,000 pesos y por sí sola no puede; comer Angus, mantener el perrito, pagar el alquiler, pagar Smartfit, los servicios, los pasajes, el salón dos veces o más por semana y tener un Iphone de 13 pa' arriba.

Es un pariguayo* certificado, el que no haya notado sus tantas fotos de turismo interno en las que nunca sale con quién anda. Es exactamente lo mismo si es con la amiga que tampoco tiene con qué. Ambas están a pie y sabemos demasiado bien que no se van en guagua* a Juan Dolio. Sobreviviendo se aprende mucho, por eso estas chamaquitas terminan cogiendo más agilidad que Manny Pacquiao, más calle que Obras Públicas y más mundo que Mario 3.

La Ayantosa

Aunque la sobreviviente al ser experimentada en el mareo tiene algo de ayantosa*; la ayantosa* estándar normalmente no es muy inteligente, tiene un manejo que la hace muy fácil de detectar y un arte que ni David Cooperfield de desaparecer.

Suelen tener una pésima ortografía o tal vez pasable, pero un buen lector sabe cuándo una mujer, aunque sea brillante en la materia del chapeo, no lo es en los niveles de expresión al escribir, aparte e independientemente de la ortografía, dado que esta nunca sería una mujer que lee. Lo único que leen son los comentarios y las indirectas de otras en Facebook que también tienen una ortografía lamentable.

La ayantosa* no es una mujer nada difícil de acceder ya sea en persona o en redes sociales, en especial si uno tiene mediana o buena apariencia.

Si le nombramos la ayantosa* es porque cada cinco palabras dicen la palabra "amor". No sé por qué razón están convencidas de que desde el momento que le dicen "amor" a un hombre, a este se le afloja algo que le terminará aflojando el bolsillo. "oh el plaser de conoserte la velda es todo mío amor" o cualquier oración mayormente con mala ortografía, acompañada siempre de un "amor".

Siempre habrá un comportamiento aparentemente dispuesto y pegajoso de parte de una ayantosa*. Normalmente si se ve bien y tiene buena venta, tendrá sus lapsos de desapariciones o *ghosting*. Porque tiene más hombres que allantar, y algunos de estos pasaron a su plano físico al que tal vez nunca irá uno a acceder, puesto que su capacidad logística y hasta humana sólo le alcanza para lidiar con dos o tres personas que estén en el país. Aunque a veces, dejan subir en esa guagua* ya llena a un viajero. Porque es más el tiempo en el año, el que el ayantado dura haciéndole envíos, que el tiempo que fuera a durar fuñéndole el negocito en el país si viene. Si no es que ella le saca los pies antes de él aterrizar.

La meta de la ayantosa, por si no ha quedado clara; es mantener mareados* a los que pueda hacer creer que tienen algo con ella para recibir beneficios a distancia, desde algo tan rastrero como una recarga* hasta uno que otro envío decente.

No amigos… cuando los mensajes le entren dentro de dos días, claro que no estaba donde unos familiares porque "ocurrió una emergencia", u otro tipo de cotorra* similar y carente de creatividad de parte de este tipo de chapiadoras.

La Desinteresada

Esta figura que puede ser cualquiera de las anteriores excepto la ayantosa, y bien esta se puede confundir con una mujer de las que no se nos pone tan fácil y "se da su valor". Pero estará claro a corto plazo, porque lo mucho hasta Dios lo ve, que ninguna mujer que accedió a darnos su Whatsapp, podría ser tan desabría como esta. Aunque a veces, si tiene una jugada entre manos, invierte un poco de emoción fingida al saludar si está sintiendo que nos alejamos. Pero por lo general impera una gran apatía, y eso puede ser amigo, porque ni eres el único ni tampoco estás muy delante en la fila de las personas prioridades. Podrías estar detrás del último peldaño.

Lo que más tiende a marcarla como "desinteresada", es lo cortante de sus respuestas y que es la reina del *ghosting*. Para los que no saben lo que es el *ghosting*, es desaparecer y cortar la comunicación sin ningún tipo de aviso ni tiempo límite, incluso hasta no volver a hablarnos nunca.

Hay dos cosas que no puede disimular una mujer en este mundo, y son; estar interesada y no estar interesada en absoluto. Aunque se haya puesto de moda eso de administrar la atención que nos van a poner. Hasta cuentan el tiempo en que nos van a responder un mensaje para dar a sentir que ella es la importante. Pero la verdad siempre se sabrá si a ella en verdad le interesa el hombre. Podemos contar con que a veces no están interesadas en interesarse, por lo que por más competente que pueda resultar un hombre y por más cualidades chulas que este tenga, habrá un muro invisible que no permitirá que esa energía llegue a ella. Especialmente, es muy común, que ella tenga a otro tipo en la cabeza, o bien no ha sanado respecto a este. Estas actúan dejando que sea uno solo el que se diseque montándole, al estilo Miyagi San, dejando que sea uno que se vaya de boca y se mate con su propio golpe. Y vemos al pobre hombre sofocao'* con lo bien que le quedan esos leggins en los videos que ella sube, y él haciendo su mejor esfuerzo para sentir su completa atención o sentirse correspondido con más que un "hola, ¿cómo estás?". Ellas juran, y lo peor es que con algunos funciona, que con esa negación nos crean una dependencia.

Pero es cierto que no faltan chicos y hombres con una grave falta de autoestima que se quedarán ahí debajo, pendiente de su vida, dando saltos estúpidos por llamar su atención. Mientras que ella mira desde la altura de su ego a los que dejó allí abajo, pareciendo algo así como niños en una carrera de sacos y que alimentan su ego.

Pero vamos a caer en cuenta, que desde el inicio hasta ese punto puede haber ya unos cuantos beneficios invertidos (autochapeo) con el fin de tener su atención.

Sólo imaginemos que haga lo mismo con diez aspirantes más; puede no irle nada mal a este modelo de chapiadora que no es de enteros*, pero sí de muchos menudos*.

Ella nunca se esfuerza porque, y se lo viven recordando a diario, la que ta' buena es ella. Bien pudiera tratarse de una mujer asexual, cosa que los hombres ignoramos cuánto abundan mujeres fingidoras con ese trastorno, o incluso, porque lo he visto; existen personas con tanto nivel de pereza y apatía en cualquier aspecto de su vida, que hasta lo que más les motiva lo hacen a medias o con muy baja energía.

Amigo: si te involucraras con una persona de baja energía y voluntad como la que describo; terminarás siendo su padre, no su pareja. Peor aun, si la embarazas no tendrías un hijo, sino dos.

La Apostadora

Dichas mujeres pueden tener una combinación de la desinteresada, algo de ayantosa y si lo hiciera para sobrevivir también califica como sobreviviente, independientemente de si su *modus operandus* es de ayantosa o de desinteresada. El denominador común es que durarán menos que una cucaracha en un gallinero en nuestro intento de conocerla. Puede ser que tenga su "agenda" demasiado llena, tal vez no interesarle en lo absoluto meterse en relaciones, ni siquiera de afecto fingido, o no interesarle la persona en específico.

Al no tener nada que perder y al haber muchos autochapiables* que le quieren dar cosas a cambio de atención; las apostadoras apuestan todo o nada pidiendo un favor para nada barato, especialmente para tener días o un par de semanas tratándonos. A veces estará acompañado de la oración cliché de vergüenza fingida; "la verdad no sé porque te estoy contando esto a ti, de alguna forma siento que te tengo una confianza de años".

Pero amigos, si algo es cierto sobre el cliché, es que se vuelve cliché porque funciona.

A veces el principal cliché en sus trucos de mangar* lo que piden rápido, es que estarán casi siempre en una situación de tener que cambiar el celular.

Esto es porque saben que lo que más quiere la víctima es seguir en contacto, y eso no es posible si ella no tiene un celular y el suyo estará siempre disque agonizando.

Se quejará de su celular cada diez palabras en un chat disque por los fallos del mismo. Pero mejor que eso, ella puede justificar con el supuesto daño del teléfono, el lapso de tiempo que no estaba en hablar con el hombre en cuestión.

Hay un brote tan serio de autochapiables, que en muchos casos ellas sólo dejan caer el dato del celular dañado, y sin muchas vueltas, el pobre sujeto creyendo que se la está comiendo, se presta esmerado a caer en esa trampa. Porque como todo infeliz, cree que ha comprado un derecho sobre ella cuando le regala algo.

La tipa siempre tendría un celular ya palabreao'* con alguien que los trae o que lo consigue a precio porque los trae de no sé dónde, ahí disque que ella te está "ayudando" a darle menos. Pero el truco de tenerlo disque hablado con alguien a "buen precio" es para que se le haga entrega del dinero, en lugar de la víctima ir de bacano* a comprarle uno usando el cambiazo*. Claro, que en esta situación ella lo cogería y vendería el viejo. Pero ella no quería tener que hacer ningún trabajo como el de vender para tener dinero, sino dinero en mano.

El "nuevo celular" (entre comillas porque hay que recordar que es embuste) no puede ser inferior al que ya tiene. Incluso podrían alegarse más austeras que una monja Carmelita por tan sólo querer comprar el mismo y no uno más moderno.

Aunque es un cliché, este no es el único objeto con valor por encima de los diez mil pesos que nos podrían procurar, podrían usar un tema sensible como en el ejemplo de la ayantosa. Otro truco es que muchas veces le van a añadir la cercanía de su cumpleaños a su artimaña, cierta o no, sólo para sumarle fuerza de compromiso al regalito.

Amigo… esta jeva no quiere na' contigo, aunque a veces, muy pocas veces se atrevan al contacto sexual si la víctima le gusta. Pero eso depende más de los voltajes de la tipa que de lo gustoso de la víctima. De modo que no sé qué sería más duro para ti; si el hecho de caer en el gancho de dar el

regalo, o el hecho de que te saque los pies acto seguido que
lo hagas. Pero más descarado aun, quedando amiguitos si
ve que no la vas a rellenar de reclamos, para tenerte ahí en
hold, y así tantear la posibilidad de si aguantas una segunda
apuesta un tiempito después.

La tipa apuesta todo o nada porque sabe que un hombre
medianamente tíguere*, le sale huyendo al primer guayabaso*. Pero si ganó ganó, y en el caso contrario no pierde
nada, sólo dejó de ganar.

Las del Servicio

Desde un práctico modo de verlo; el oficio ejercido en
los burdeles es el modo más honesto de intercambio que
podría existir. Él quiere placer y ella quiere dinero, así que
en una habitación se hace el justo intercambio. Distinto
al tiempo energía y dinero que con incertidumbre se dre-
na en manos de la por conocer y en lo que se averigua que
no era pura.

Aclaro algo; ¡toda mujer del servicio también chapea!
Es más, engendraron el chapeo. Es admirable ver la dedicación con que trabajan 24/7 con el teléfono cosido de la
mano. Incluso, en su tiempo de recreación, que no es otro
que sentarse a beber. Ella está al pie del cañón atenta al
celular por si aparece un posible cliente por fuera del burdel
o uno que viene a cortejarla por redes, automáticamente
denominado "víctima".

Por eso suelen contestar los mensajes más rápido que el
5G, excepto que consideren que vienen de un tipo "que
no camina", o si aún no ha filtrado qué mensajes ignorar y
cuales leer en el DM de Instagram.

Si las chapiadoras fueran una milicia, estas fueran generalas, porque reúnen atributos de todos los tipos de chapiadoras, por todas las mañas aprendidas de labios a oídos en semejantes universidades, y además, algo es lógico; el valor que se necesita para cualquier clase de chapeo no es nada, comparado con el valor necesario para la vida del servicio, pues les alcanza y les sobra. Pero, no sólo en los burdeles existe el servicio sexual, las hay literalmente por catálogo. Creo que todo el mundo tiene amigos de esos que se saben todos los WhatsApp de venezolanas o colombianas que se manejan por grupo y tienen fotos de sus mejores ángulos. Estas son mejor conocidas como *escort* o chicas "pre-pago" y se dividen en básica y VIP, no hay punto intermedio. La diferencia es que la VIP ya está hecha o está muy dura naturalmente. Esta tiene menos apuros económicos y mucha demanda, por lo que no tiene problema con esperar por un cliente de 250 dólares la hora, en lugar de sudar sus nalgas por 4,000 pesos (75 dólares) que es a lo más que llegan las chicas que no pueden competir con ellas, o que necesitan el dinero muy "para ahora" como si fuera para vicios. Esto es más típico de las "recién llegadas", dicho entre comillas porque al parecer ellas entienden, que el título de recién llegada en sus anuncios les da una plusvalía por poco uso, algo así como un carro con poco kilometraje. También "de paso" o "de paseo en RD", como una manera de decir que si no la contratas ahora podría ser nunca, ya que se irá pronto. Estas chicas, para más ganar, tienden a jugar un juego muy arriesgado de estar con Dios y también con el diablo. Es decir, vestirse de blanca palomita para uno o varios novios, que le dan dinero o regalos a mayor o menor medida, al mismo tiempo que sigue haciendo sus salidas como *escort*.

Las Viejas Glorias

Estas son damas que estuvieron muy cerca o dentro de su sueño. Pero en muchos casos, la misma soberbia que agarró como chapiadora se puede hacer demasiado presente dentro de la relación que las llevó a la condición deseada; versión mudada en torre o en un muy buen apartamentico, típico de cuando la tetera no vive aquí y suele sólo frecuentar, también de ser la querida de un casado.

Hay varias razones comunes para que estas reinas caigan de su reinado.

Bien es cierto algo que menciona mi estimada Wilsis Bautista en su trabajo, "El Manual de la Chapiadora[11]", que la chapiadora aunque esté lograda, tiene que ponérselas a su tetera con lentejas; "o lo tomas o lo dejas", para no permitir que "el templo*" se acomode y empiece a recortarle beneficios a la bendecida, pero teniendo él los mismos beneficios que desde el principio.

Muchas lo saben, que es en este arte de mucho tacto donde algunas infortunadas tienen que descubrir que incluso un arco demasiado tenso pierde su fuerza. Es cuando ellas llegan a sentirse demasiado seguras del asfixie que tiene su tetera, por lo que entiende que este le va a aguantar lo que sea. Desde rabietas donde puede pisar más fuerte de la cuenta, o excusas extrañas para evadir tener intimidad. En cuyo ejemplo; sé de una que siempre que venía su gringo, ella tenía la menstruación, sin distinción de fecha. Pero la mujer, que de por sí subestimaba al sujeto, creyó que ausencia de reclamo era igual a creerle los cuentos recurrentes. Hasta que al gringo, imagino que le pareció raro que ella no

---

11. Wilsis Bautista. *El Manual de la Chapiadora.* 2018.

tuviera fechas. Pues, en una de esas semanas que le tocó visitarla al apartamento que él le pagaba, decidió rebuscar en los papeles del baño por varios días, para toparse con que todas sus toallas sanitarias, en la semana que no se le quitó la supuesta menstruación, estaban completamente limpias. ¿Para qué contarles cómo ella pasó de vivir en Los Cacicazgos a vivir en Los Alcarrizos?

Las viejas glorias también tienden a caer, porque de la misma forma que el amor verdadero, el amor fingido debe ser un continuo para mantener el magnetismo del apego. Muchas fracasan por descuidarse y creer que el hombre ya es demasiado dependiente e incapaz de dejarla. Con mayor razón si ya este ha vuelto arrastrándose hacia ella después de una leve "dejadita".

La cosa es que como vino ella hacia esa tetera, quieren venir muchas otras y con mucho mejor apariencia, por lo que su reinado peligra si su apariencia es con lo único que ella cuenta y no se asegura con el trato.

Cuando a esta mujer el ego le supera el ayante, le pueden dar una sorpresa de las que no son buenas, y ahí veremos quién era indispensable. Los hombres también sufrimos de desencanto acumulativo.

Otra cosa evidente es que la mayoría de las chapiadoras* están acostumbradas a interpretar que el hecho de que decenas de hombres se la quieran tirar es algo como una especie de poder, ya lo dije antes en "El Marketing Sexual". Ese pensamiento de llevar tan presente eso de que "lo que tienes tú lo desean muchos", y que "de no ser tú, tengo una fila de pretendientes", hace que muchas de estas damas no estén dispuestas a hacer ni una sola negociación, ni a coger la más mínima lucha de las que se cogen en una relación de afecto real. De forma que, de cualquier resbalón sueltan a una tetera establecida y vuelven simplemente a poner la vista en la tómbola. Sólo que, pueden terminar muy sorprendidas al ver que el hombre no volvió a lamberle* o que va a tener que descartar una larga fila para encontrar otra tetera la mitad de generosa que esa.

Por eso es muy típico ver a muchas mujeres del servicio irse y volver como un yoyo a los lugares del servicio, después que ya la habían recogido de la calle.

Nuestra personaje que le hace más honor al título de vieja gloria, es aquella que cayó de su buena vida ya cerca de su edad del explote*, por lo que ha caído para no volver a levantarse. Lo seguro es que ella se marchitaría si le falta el kit de los cuidados que trae la tarjeta Platinum, mas las depresiones sufridas en el duro choque de realidad y posiblemente todo a lo que podrían tener que recurrir para detener ese tren sin freno de emergencia.

Para los que no entienden a lo que me refiero con "el tren" y la gravedad del asunto, vamos a ilustrarlos un poco; Llamaremos a esta mujer, Josefina. Porque antes josiaba* y ahora es fina.

Josefina vivía con su sueldo de 25,000 pesos (DOP). Pagaba 13,000 de alquiler y gastaba 3,300 de pasaje para ir al trabajo, que con eso la mitad del sueldo ya iba lejos. Tenía todos los servicios a nivel básico y ponía paqueticos* cuando se podía, en lugar de pagar un plan de data para el celular. A esa mujer; ahora le pagan un apartamento de 40,000 pesos en Bella Vista, tiene internet de alta velocidad en casa y un plan de 10 GB en su celular y ahora usa línea Sebastian en vez de Shampoo del supermercado. Tiene un vehículo que tal vez paga en cuotas, si no es que se lo compraron. Cuando menos es una CRV, pero pudiera llegar a tipo Audi o Mercedez Benz, sabiendo que las últimas cuestan un cojón en mantenimiento, el cual, no podría sustentar por sí sola.

Josefina ahora tiene un estilo de vida en el que no gasta menos que algunos doscientos mil pesos al mes. Esto es si no va de viaje, si no se corre de compras y si no va a un concierto sin la bendición de la tetera, que sabemos que la boleta tiene que ser VIP, cueste cuanto cueste.

Ahora visualizado el anterior escenario; imaginen, que su tetera sabe que la vida de Josefina se sustenta con algunos 200,000 pesos al mes (DOP). Pero también, él sabe que ella no va pa' parte cuando él venga con una teoría de austeridad y le recorte lo que le da mensual a 150,000. Suele pasar porque sí, sólo porque él está seguro de que la tiene en su jaula. Pero también puede pasar que la tetera tiene otras más a quienes repartirle su dinero. Va a ser incómodo para Josefina porque ella 200 ve y 250 gasta, porque ahí está la tarjeta de crédito. Lo más común en la mente del jodido, es pensar que reventar los doscientos de este mes no importa, porque vienen doscientos más el mes que viene.

Pero ese es el caso fácil, vamos al caso donde la tetera la suelta, ya sea de verdad o para que ella aprenda a comer de sus migajas. ¿Qué se supone que Josefina va a hacer con el alquiler y sin dinero para mudarse? Léase; pagar nuevos depósitos y las implicaciones de la mudanza. ¿Qué va a hacer con los servicios y sus famosas penalidades por cancelar antes del año y medio? Va a vivir los depósitos, contando con que por su lindura va a encontrar quien le resuelva antes de dos meses. Va a ver, que los que ella creía que sí y que los que mucho bulto* le hicieron, con esa babosada de que "por dinero no hay problemas", le dan la espalda… ahora son ellos los que hacen *ghosting*. Aunque Josefina recolecte algo, contándole la verdad a medias a sus pretendientes, eso no le alcanza. ¿Qué va a hacer con los muebles que le van a embargar si no resuelve buscar lo del alquiler? ¿Qué va a hacer con los muebles que no le caben en lo que ella podría pagar? ¿Qué hará con el perrito si donde puede pagar no se lo aceptan? Etcétera.

Sé de una que era cuñada de uno de los funcionarios más adinerados del país, por consiguiente, el hermano del funcionario que era su exesposo también está bien económicamente. Pues ella le descubrió un cuerno* y procedió a también pegárselos en venganza, para dejárselo saber a él expresamente. ¿Para qué les cuento que hoy la tipa lo único que tiene de él es una hija? Vive alquilá' y anda en un Sonata, después de haber andado en Tahoe con chofer y a veces con escolta. #

Las viejas glorias son damas que rara vez no estén hechas de dos o más partes. Muchas veces tienen un buen manejo y etiqueta, por la educación de la que tuvo que hacerse dentro de sus anteriores círculos sociales. Difícilmente estén disponibles para acostones rápidos o forces que la quemen* en esta ciudad tan pequeña. Están conscientes de su edad y de la dura competencia que hay allá afuera, de modo que lo más común e inteligente es que estas prefieran encontrar a alguien que no esté muy jodido, aunque no aspiren a un rico para ser realistas, para ver si la suerte les sonríe teniendo con quién reconstruir su vida.

Otro grupo muy pequeño que cuentan como viejas glorias, son a las que me gusta decirle "las espartanas", porque como diría el rey Leónidas: ¡Las espartanas jamás se retiran, jamás se rinden! Son algunas que no reconocen su edad y creen que de verdad la disimulan hechas hasta las cutículas.

Las espartanas, más o menos junto con la menopausia, terminan estirándose la cara y poniéndose los cachetes como Piolín el canario, y una que otra vez esa cirugía parece que se las hizo El Guasón. Se distinguen en el gimnasio por el force de ponerse el mismo enterizo que las colombianas semi diosas que tienen los ocho cuadritos marcados y todo redondo. Porque entienden que ellas cumplen con estar hechas, aunque la cintura y las piernas no le hagan juego y los implantes de las nalgas, no sé por qué, pero siempre se les ven como ahuevao' o en forma de bala.

Pero por donde más amarran hombres es por las redes, porque se hacen tanto Photoshop, que si tuvieran hijos a su edad, les nacerían con filtros y hasta con la personalidad doblada. Porque, por alguna razón creen, que los hombres no vemos las puertas y objetos doblados detrás, cuando se encogen la cintura y se agrandan el culo y las caderas.

Las de Élite

Estas cuentan con un físico endiablado sin importar cómo, porque no hay trampas si no es para las olimpiadas, es para estar buenas. Digo esto, porque he visto a muchas envidiosas que dicen "pero tá hecha", como en el intento de minimizar que otra mujer luce bien.

Una vez se lo dije claro y pelao' a una en el metro, que murmuraba a otra que salía del vagón. –Pues hazte tú también, porque ella viste muy bien y está muy buena, cosas que tú no. #

Las chapiadoras* de élite en RD no llegan ni a un 3% de la población femenina dominicana, porque no es que haya tantos ricos o buenos postores aquí. Pero si el número llega tan alto incluso, es porque hay que recordar que también se proyectan fuera del país, y un tipo medianamente pudiente en dólares es un tipo muy pudiente en pesos. Porque la jeva puede estar como esté de linda al natural, pero no podrá competir con la perfección de un cuerpo de historietas de Marvel Comics de una tipa que tiene senos hechos, redondos y firmes, más una lipo y piernas de acero porque se faja en el gimnasio. La dominicana que no nació en buena cuna, obligatoriamente necesita patrocinador y bisturí para obtener esas condiciones.

De igual forma, tanto la que se opera como la que cuenta con buena genética, suelen matarse en el gym. Sumándole buena comida, buenos cuidados y Anavar cuando menos. Para estas es raro no tener patrocinio, que cuando sucede y hay un vacío no es por mucho tiempo. No las verán en Smartfit, que aunque vayan muchos "cromitos", no van a ir las realmente "bendecidas", sobre todo porque necesitan dejarse ver por un público de otro nivel. No sólo buscando con quién, porque tal vez no les interese nadie del mismo lugar donde va a entrenar. Sino a que al ir un público más pudiente y educado al Bodyshop, (aunque el chopo ya está en todos lados) es más improbable que la aborden o la acosen mientras entrena. Hay unos pocos gimnasios en Santo Domingo que son una especie de burdeles fitness, donde las verdaderas bendecidas dejaron de ir, porque no querían mezclarse para que las comparen con las *escort* VIP que ahora llenan estos, donde cualquier tipo casado sabe que sólo necesita dinero en un solo depósito y no cotorra* para tirarse una de esas. Así también existe un gimnasio donde las entrenadoras andan 24/7 en cacheteros*, gracias a que el que lo maneja en realidad quiere ser el dueño de un burdel. Si hay una cosa en la vida que no tiene fallo es que los negocios terminan siendo lo que trae por dentro el dueño o quien lo dirige.

En gimnasios como esos no veremos a las chapiadoras* de élite, sino a las novicias.

También algunos se llenan de "artistas" urbanos; pero ellas saben que esos ni pagan, ni aportan ni convienen, aunque hay la clase de mujeres, que nada más por el protagonismo de demostrar en su barrio que ella se subió en la jeepeta del dembowsero Fulanito; con eso ella tendría una "gloria" que le gusta más que el dinero. Cosa que ellas entienden que les da algo como puntos, o *status* de estar-buenismo* y "cotize" en su barrio.

En los círculos realmente fuertes de bendecidas, se conocen o se siguen casi todas una con otra por Instagram, desde presentadoras hasta unas encargadas de discotecas de capos, que son la verdadera industria del maipioleo* de elite y el santo grial de estas cruzadas, donde todas querrían ser bendecidas.

No toda presentadora está lograda ni todas han encontrado "patrocinio". La TV. y demás medios sólo son la vitrina para conseguirlo. He visto a una de vida y montura sencilla y a otra hasta con un Android con la pantalla rota.

Siempre se necesitará una vitrina, así sea salir etiquetada con otra bendecida que tiene 200k seguidores en un Story, a ver si alguien le pregunta por ella.

La bendición tiene tanto alcance que a esta categoría de chapiadoras* les dan una mesa con tragos privilegiados de gratis, incluso Moet, porque eso hala a los tígueres* que gastan hacia las discos y bares que acostumbran a hacerlo. Algo así como promotoras encubiertas.

La Madre Maipiola

En RD es algo común, pero esto puede parecer increíble ante la comunidad internacional primermundista.

Hay mucho para suponer que desde el efecto trujillista de premiar a las mujeres más paridoras, y hasta apadrinarle a los hijos; aquello facilitó que se cultivara la mentalidad de mantenidas en las mujeres de entonces[12]. Idea que con facilidad heredarían las hijas. Entonces, el hombre era orgullosamente proveedor y la mujer orgullosamente mantenida. De esta manera, las madres apuntaban al mejor, o al menos peor postor local para decirle a su hija "ese es". No tenía que tratarse de un rico, muchas veces la madre no está aspirando al rico ni a la riqueza, sino a alguien que le de cama, comida y ropa a su hija. Así sea el panadero, porque tiene un negocito y le asegura el pan. Increíblemente, incluso niñas de doce años se ven participar en eso… cuidado si de menos.

Aunque por oferta y demanda, sale más fácil si la niña ya tiene senos y caderas. Hay madres que suelen entregar a sus hijas hasta para tener una boca menos que mantener. ¡Pero por supuesto! Entonces tenemos que mencionar a las madres que usan a sus hijas como anzuelos para pescar fortunas. Esto suelen hacerlo por dos vías; le meten por los ojos a la hija a un tipo adinerado, que usualmente, para caer en esto, debe tratarse si no de un depravado, de un adinerado sin suficiente educación. Ahí suelen entrar como caso común; un funcionario o un pelotero, que al tener mucho dinero pero no necesariamente suficiente educación, suelen

---

12. Rafael Leonidas Trujillo. Durante su dictadura, solía premiar a las mujeres embarazadas y apadrinarle los hijos a las que más tuvieran, bajo la idea de que debíamos tener una población más numerosa.

caer más fácil en el fetiche. No hay una vaina que atraiga más al que ya ha vivido todos los placeres posibles con su dinero, que aquello que se supone que no se debe, que es donde entra el fetiche.

La idea de la madre maipiola es vivir como reina a través de la hija, por la misma razón por la que la cocaína cuesta; porque es ilegal y ella es quien lo permite y quien no lo denuncia.

La segunda vía es; cuando buscan exactamente lo que podrían sacarle por su pecado incitado a la lujuriosa víctima, aquel que ante la ley es el único victimario, donde de por medio hay una madre y su consentimiento.

Suele verse más si el hombre no está tan forrado como un pelotero, porque del pelotero podrían vivir bien por toda la vida sin quejas.

Al modelo de hombre casado y con su familia, que lo que tiene tal vez sean dos colmados y una tierrita; la madre de la niña anzuelo puede decidir si se conforma con que él pueda apenas pasarle algunos 40,000 pesos al mes, o simplemente haber maquinado desde el principio, que la idea era la amenaza de la denuncia. Bajo la idea de arrebatarle a la víctima, todo lo que el susto de ir preso le haga soltarle a la madre maipiola de sus bienes y liquidez. Hay dos cosas por las que vaya que funciona; nadie quiere estar preso ni perder a su familia. Es más pensable quedarse en olla*.
Hay y habrá cientos de casos de hombres en la cárcel por "violación", cuando siempre fue consentido por la madre de la niña, aunque descubierto por otros.

Dora la Devoradora

Podría decirse que esta es mi chapiadora* favorita, si es para reírme, por la manera en que raya en lo ridículo. Como lo hago con muchos aspectos, tengo que señalar que la conducta exagerada de enjambrá* de parte de este tipo de mujeres, no es otra cosa que un síntoma enfermizo del arribismo.

No hablo de la mujer que come mucho porque puede, que Dios le bendiga el apetito si así es. Hablo de esas que si las invitan a comer hasta pasan hambre a lo largo del día, para sentir que van a "exprimir" el beneficio de la cita al pedir más y comer más.

Usualmente piden las únicas cosas que conocen como "caras", en la que rara vez faltan los camarones. Hay las que piden mirando el precio y apuntando a lo que cueste más, sin tener una idea de si le va a gustar.

Otras pueden ser tan apretá*, (me tocó una vez) que encima de que dimos un viaje a boca chica para complacerla con un pescado de cuatro libras; al terminar de comer me pregunta si puede pedir uno para llevar, disque para la chica que dejó cuidando a su hijo, que ni era de gratis ni cuesta ese regalo… que ovarios.

En caso parecido; cabe destacar que las de la vieja escuela saben prepararse para salir a beberle los tragos a un hombre. Lo que hacen es que se tragan dos cucharadas de aceite antes de salir. El tíguere* feliz cuando ve que la tipa se bebe un litro de whisky casi sola, creyendo que ella le va a gotear* en sus brazos. Pero triste cuando ve que llevan más de tres botellas y a la tipa ni la pollina se le ha despeinado.

LUCES Y SOMBRAS
(El juego del poder)

Con todo lo expuesto hasta este momento debería bastar para entender, que la función de una chapiadora* es menos que un chiste de mal gusto. Porque no es otra cosa que parasitismo basado en la ilusión de un hombre. Eso es poco frente a todas las formas de vampirismo existentes que descarrilan a muchas personas y hasta roban su identidad. La práctica de la manipulación y el arribismo son, sin que muchos lo imaginen; un tipo de magia negra asquerosa y terrible.

El dinero es apenas un resultado de haber puesto nuestras energías en dirección a conseguirlo. Es decir, la energía es primero, luego su sabio manejo y por último el resultado. Entonces, una persona que nos robe o nos desvíe lo más precioso; nuestra materia prima para lograr cualquier cosa en la existencia, es realmente más peligrosa para nuestra realización que una chapiadora*. Lo que pasa es que con nuestra energía no podrían ir al supermercado y comprar. Pero nos quitan la motivación y nuestra mejor actitud para salir con buen ánimo a buscar el pan, eso literalmente azara. Me conformo con que algunos lo entiendan.

Cuando hablamos de una persona ladrona de energía en cualquiera de sus manifestaciones, obviamente estaríamos hablando de una persona egoísta. Por lo que, de tratarse de la pareja, si se le ofreciera la oportunidad de ir con alguien que represente más ventajas para esta, lo haría sin remordimientos y sin titubear. Pero no hay que esperar que eso suceda para identificar a la persona que lo haría, para eso está la observación. Aunque, la limitante más común de la observación es que vemos lo que queremos ver, por lo que casi siempre vemos las cosas condicionadas.

Ahora dada la premisa, estamos hablando de nuestras energías y emociones, las cuales dirigen nuestras acciones. No existe chapeo más absoluto que tener el control de lo que sentimos y hacemos. La herramienta de poder más usada, porque vaya que funciona, y en la que son especialistas las mujeres, es la táctica de "la ley del hielo".

Esto suelen hacerlo, ya sea que el reclamo o demanda es conocido por nosotros, o ya sea que es silente. De esos "no tengo nada" con los que nos llevan a rogar tener la conversación. La ley del hielo suelen aplicarla en muchos tipos de situaciones y desacuerdos, pero en esencia, el mecanismo siempre es el mismo. En una pareja común cuando el hombre hace algo que está mal para la mujer, o simplemente deje de hacer algo que ella quiere, la mujer recurre a usar la distancia emocional como chantaje, aunque hay hombres que lo hacen, pero poco en comparación con la población femenina. Me gusta decirle "huelga emocional", o tal vez un "secuestro" a la "mujer buena" que él quiere ver en ella. Ya explicaré cómo funciona bajo la analogía de "el robo".

Hay algo en el estudio de la psicología llamado "diferenciación". Esto explica que cuando una madre castiga a su hijo, el niño no ve a esa mujer fría, indiferente y enojada como su madre, sino que la ve como una entidad separada, algo así como el cuco* que usurpa la figura de su madre. Entonces, no hay una cosa que el niño añore y necesite más que el hecho de que esa "madre buena" a la que ama, regrese y suplante a la "madre mala". ¡Que sea su misma "madre buena" quien lo proteja del enojo e indiferencia de la "madre mala"! Esta es la misma razón de ser del "Síndrome de Estocolmo". Que no es otra cosa que interpretar la ausencia de agresión (de quien puede ejercerla) con bondad y protección. También esto puede explicar por qué los hijos que sufrieron maltrato y abandono suelen apegarse con mayor facilidad a sus maltratadores. Porque entienden que ellos y sólo ellos tienen el antídoto y son la cura para que desaparezca aquel que verte ser no quiero. Es también por esto tan común que se perpetúe la relación del empático y el narcisista.

Sabiendo cómo y por qué funciona, es posible desarmar el secuestro emocional.

Para mi gusto, no hallo mejor analogía para describir la mecánica con que funciona el secuestro emocional que imaginar un robo en un banco, donde el ladrón del banco es la persona que aplica la ley del hielo, aunque en menor medida también funciona el berrinche. Ya que tenemos identificado al ladrón, determinemos los demás componentes del robo; su arma es el chantaje, calibre 357. Su propósito; quiere el dinero que tienes guardado.

El dinero que tienes guardado en tu banco emocional, para el asaltante es;

    a. Algo que darme no quieres
    b. Algo que hacer no quieres
    c. Algo que dejar de hacer no quieres
    d. Varias o todas las anteriores

Los rehenes; son los aspectos de sus "servicios", es decir, las cosas que no quisieras perder de la persona misma. Por eso es que enfatizo la toma de rehenes o secuestro más que el robo, ya que el robo, que sería el resultado final, no fuera posible sin amenazar a los rehenes.

Entonces dice el dueño del "banco del dinero emocional"; ¡Toma!, no quiero que me quites a la mujer que me hace masajitos. No quiero que mates a la mujer que me cocina bueno. (ah, pero si eres tú misma) El ladrón sabe que prefieres soltar el "dinero" y no que el ladrón tome de rehén el conjunto de cosas que nos han atado a la persona. ¿Qué lo hace peor aun? El temor más grande que tiene el dueño del "banco emocional" es la amenaza de que los rehenes (las cosas buenas de la persona) se le vayan a otro banco. Uno de los errores más grandes que comete el ser humano, por la ilusión de la posesión, no viene sólo con la idea de "perderla", es también el terrible miedo de que esté con otra persona cuando eso suceda.

Fíjense que el que se imagina el cuerno* o la futura pareja de su pareja o expareja, al imaginarlo desde el miedo; construye una figura con la que para nada podría competir, alimentando así el sabor de la impotencia en ese deporte de reducir la propia autoestima.

De esa manera, por poco que parezca, reclamo tras reclamo, robo tras robo, aunque el ladrón se lleve de a menudos, tu banco emocional podría estar trabajando sólo para este ladrón. Cuando miras años atrás, es cuando te enteras que hace tiempo cambiaste, rara vez para tu propio bien. Más bien, los cambios fueron para adaptarse a las demandas de esa persona, por absurdas que fueran, con esa idea de que eso es "madurar la relación". Cabe entender, que quienes apelan a esa lógica se fijan en las relaciones disfuncionales que abundan para normalizar este hecho.

No pudiste darte cuenta de cómo llegaste a la "bancarrota emocional" y por qué no disfrutas cosas que solías disfrutar años atrás, o al menos no con el mismo sabor de entonces.

El empático tendrá que vivir para alimentar la aprobación del narcisista y para evitar su disgusto, por irracional que sea. Lo peor es que esto es como una bola de nieve; mientras más rueda más crece.

Mientras más tenga que renunciar a sí mismo el empático, más pesada podría hacerse la dependencia hacia la persona narcisista. Esto es algo, que como se insertó en nuestro "chip" desde la crianza; nuestro cerebro emocional entiende que esa persona es quien tiene las llaves de nuestra felicidad, así como en la dinámica en que mami luz es quien me salva de mami sombra. Salir de ese tipo de miseria emocional puede ser para algunos, más difícil que salir de las drogas. A esto le daremos un nombre que más adelante va a sernos útil; le llamaremos el hechizo.

Me gustaría explicar la manera de salir de allí que aprendí del mejor libro del mundo; encontrar mi propia luz. Pero ese es un camino muy de cada quién. Sería como escribir una dieta que funcione para todos y no para cada persona con sus necesidades específicas. Aunque, quien escribe, promete alguna vez abrir talleres para estos fines. Aun así, podemos hacernos un buen mapa sobre herramientas introspectivas para romper la sugestión del hechizo. Usaremos el mismo ejemplo del robo para simular el proceso en que desarticulamos el robo.

El mejor proceder estimado lector: de entrada, es nunca permitir que la bola de nieve siquiera se forme. Nunca, pero jamás, deberías aceptar por compañía a alguien que se crea mejor que tu persona y te haga sentir que eres tú el afortunado o afortunada de tener su compañía. Esa sensación es como sentir que debes y que jamás tendrás con qué pagar, por lo que luego empiezas a considerar válida la invalidación de ti mismo. Si aceptas ese hechizo, incluso cuando esa persona obre mal, preferirás pensar que fue culpa tuya. Al primer gesto de alguien creerse mejor que nosotros, debería mostrársele el camino a comerse su propia basura mental, en lugar de permitirle echarla en nuestra mente. En pocas palabras, que ruede durísimo.

DESMONTANDO EL ROBO

Tomaré como ejemplo una vez que afronté el "secuestro" reincidente de una exnovia, de esas que salen de nuestras vidas y regresan de cuándo en cuándo.

El panorama tal vez siempre fue claro, pero estuve cegado por mis expectativas y mi verdadero interés de tener algo realmente estable con ella. Pero a veces buscaba molestarse por tonterías, y la reacción más típica a cualquier disgusto era que yo tuviera que deducir por su silencio excesivo que algo no le gustó, y adivinar yo qué rayos.

Entonces se topó con el peor para esas huelgas, porque así sea mi madre, yo no me permito ser el último que formuló preguntas sin respuestas y también ser el primero en hablar luego. Ni siquiera por orgullo, sino por prudencia y respeto a mí mismo.

De forma que cualquiera de sus huelgas de silencio, eran un "secuestro". Es decir, me estaba retirando a la Elsa que tanto me gustaba, y se supone que yo tenía que averiguar por qué. Como yo no me prestaba a que pasara del "secuestro" al "robo", lo que ocurría recurrentemente era una "terminada" que nunca se habló.

Un día, tras uno de esos reincidentes episodios, decidí entrar yo solito en el secuestro. Vaciaré aquí la conversación vía WhatsApp donde ella se llamará Elsa. ¿Por qué Elsa? Bueno, porque no puede llamarse Else, de "else-cuestrador".

H –Dime Elsa, ¿Qué fue lo que te hice ahora? –Tras tomarse su tiempo para hacerse de rogar, le puse un segundo mensaje que sabía que funcionaría.

H –Yo no soy Charles Xavier para tener que andar leyendo tu mente y adivinando que te picó algo, ni religioso para pedirte una señal. Tú sabes que nunca te lo pregunto, así que puedes estar segura de que no agregaré una palabra más después del punto en esta oración, así que, si tienes algo que reclamar aprovecha la oferta.

E –Tú nunca estás cuando yo quiero ir a tu casa. –Ya sacó el arma.

H –Define "nunca". Al menos de un mes y algo para acá, que es lo que tenemos saliendo otra vez.

E –Bueno, si es de ahora nada más esta, pero sabes que hablo por otras veces. –Fíjense que este ladrón sólo secuestró a los rehenes para hacerme rogarle la conversación. En la conversación trata de culparme, es decir que me apunta a mí con el chantaje 357.

H –Ok, quedémonos con esta y no caigas en la tentación de apelar a las otras para forzar el vicio de tener razón. ¿Qué es lo que realmente te molesta? Siempre nos hemos visto con acuerdo previo, porque tu trabajo y estilo de vida ameritan programación igual que en mi caso.

E –Fue que me entró deseo de verte de repente.

H –Y por decirte que no estaba en Santo Domingo, ¿procedes con una huelga de silencio? –Aunque no se atreva a decirlo, sé que en el fondo su idea es plantearse la posibilidad de que yo anduviese con otra mujer. –¿Me estás diciendo que yo no debería hacer otra cosa que esperar en mi casa por si te inspiras algún día que no quedamos?

E –No así no, pero… así como yo quería ir de improviso tú nunca te has dignado en sorprenderme tu a mí. –Ya vio que lo que demandaba no tenía sentido, así que cambia la demanda. Es como si el ladrón no supiera si entró en un banco o a una tienda de antigüedades.

H –Entonces, Elsa. Jugaré en tu propio tablero. Voy a hacer como que no sé que simplemente estás tocando pedacitos, para ver si encuentras un hueco donde romper.

Para llenar la expectativa que te acabas de inventar; tú, la persona más metódica y que más le gusta programarse, ¿me estás diciendo que yo debería un día que no tenga nada que hacer, (que no existen) ver si tú tampoco tienes nada que hacer? Es decir; no lo que acostumbramos, que es sacar un tiempo que no será de más nada ni más nadie.

¿Me estás diciendo que desbaratar lo que teníamos por hacer un día haría más especial vernos? –Fíjense que le hago como las preguntas re afirmativas de esas que enseñan en los cursos de ventas. Así puedo darle un solo sentido a lo que parecerían flechas en muchas direcciones. Es como le hago saber que puedo ver claramente lo que ella está haciendo, que es como tirar pedradas al aire a ver qué mango cae.

Cuando las personas entran en el circulo vicioso de tener razón, no importa qué, pero algo deben obtener o terminan ofendidas o enfadadas. Por eso, algunas veces en otros casos, luego de yo tumbarle por completo el robo, le tiraba un "huesito de razón" y ya con eso el ego de ella, como un perrito exigente pero conformista, termina conformándose. Algo como al estilo; "tú tienes razón en que deberíamos vernos más, te entiendo. ¿Qué más quisiera yo? Pero no hemos coincidido", y listo. Es increíble las furias que pueden calmarse tan sólo con arrojarle el condenado huesito de la razón.

E –No, ¡tampoco es eso! A ti no hay quien te gane Hugo.

H –¿Ganarme en qué? ¿Quién está discutiendo? El que discute impone su punto de vista, yo en cambio sólo estoy planteando preguntas.

E –Hugo, tú siempre tienes la razón. Dejémoslo hasta aquí. –El ladrón vio que no estoy en soltar el dinero, y es que al final ni el mismo ladrón sabe qué quiere, más que tener razón. Eso porque muy posiblemente no me está diciendo lo que en realidad le molestó, porque sabe que de hacerlo pierde más rápido el robo. ¡Y no me dio la gana de darle el condenado huesito de la razón! porque no siempre hay que estar poniéndole cobijas a los demás para que caigan más suave en su error.

H –Si ombe, dejémoslo ahí, que no me gusta que estemos así sin necesidad.

E –Si… pues cuando puedas mándame la ropa que dejé allá con un Uber.

H –Ropa… Uber… –Yo sabía por dónde ella venía con eso. –Pero te la llevas cuando vengas el martes. Nada más faltan dos días, ¿no es mejor? –Adoro hacerme el idiota.

E –Yo te dije que lo dejemos hasta aquí.

H –Ah… creo que ya te estoy entendiendo. La cosa es que yo no soy astrólogo para tener que pasármela interpretando las cosas que me dices a medias, Elsa. ¿Lo que decías con "dejémoslo hasta aquí" no era a lo que tú tildabas de discusión? ¿Te referías a terminar la relación?

E –Si… –Fíjense, no pudo llevar a cabo el robo con éxito, tampoco le eché el huesito de la razón después de frustrarle el robo, por lo que la táctica cambió a apuntar violentamente a los rehenes, (lo que yo quiero de ella) está amenazando con asesinar o llevarse a otro banco a la Elsa que tanto me gusta su físico descomunal y nuestras charlas profundas. Se supone que debería asustarme tanto que se me vaya con uno de su lista de pretendientes con el que seguramente no puedo competir. (sarcasmo)

H – Ah, pero mira Elsa… yo te lo agradezco mucho que por primera vez me lo digas directamente. Hoy te hiciste una mujer, así que ha aumentado mi respeto por ti, en serio.

Así que, con cariño y respeto acepto, no debemos seguir juntos ni volver a intentarlo tampoco.

E –Espérate ¿Qué? O sea, Hugo. ¿Ves que a ti no te importa nada?

H –Pero ¿por qué dices eso? si fuiste muy importante en mi vida.

E ¡¡Fui!? –El ladrón no sólo vio que estoy blindado, sino que se desestabilizó emocionalmente por la frustración, al ver que no me importan los rehenes. Si yo cayera en la identificación, sentiría algo así como un peligro emocional. Pero con mi defensa en alto, sí puedo ver que los rehenes y el ladrón son la misma persona, y que esta intenta desestabilizarme por nada… no imaginemos cuando sea por algo.

H –Si claro… fuiste, porque ya terminamos. Si no tienes algo que agregar te dejo, que hoy es domingo y debo darle más tiempo de calidad a mi hijo. –Luego dejé de leer lo que decía en respuesta, porque supe bien que serían palabras de ira y frustración que necesitaban llevarme a ese estado. En ese momento, su ira sólo necesitaba castigarme y verme arder. Y tuve razón, porque todos esos mensajes de rabia luego los borró. Me vine a enterar casi a las 2:00 am, cuando me escribió:

E –Confieso que tengo miedo de perderte. Yo quiero estar contigo.

H –Gracias por la consideración, pero declino tu oferta. No me interesa estar con alguien que necesite que me arrodille ante un reclamo que ni siquiera ha formulado, y que en lugar de ver que no tiene sentido intente atacarme con culpas que tampoco existen. Eres una gran mujer, pero para lo que necesito yo, aun necesitas madurar bastante.

Lo más común en una situación como esa es terminar cediendo al secuestro, porque una Elsa en realidad no quería terminar con un Hugo, sólo quería demostrar que ella manda. Y sería peor a medida que le dejara ganar poder.

Los pases energéticos que hay que observar, por lo que sostengo que SIEMPRE HAY SEÑALES, con su debida interpretación son los siguientes;

1. Ella tiene una duda sobre mí o un reclamo, pero en lugar de conversar me castiga con distancia. Si lo traducimos, esto quiere decir que esa persona prefiere el poder que el acuerdo.

2. Aun cuando ve que no tiene sentido, crea un argumento nuevo partiendo del original, porque necesita culparme, así sea con una exigencia que no le aporta. Esto en su manera traducida; me confirma mejor la hipótesis 1. Prefiere culparme de algo con tal de tener la razón, en el entendido de que yo debería hacer algo contrario a lo que acordamos y hacerlo de sorpresa. Esto a sabiendas de que a quien menos le conviene es a ella, porque salir conllevaba encontrar con quién dejar a su hijo y pagar. Pero eso no le importa al vicio de tener razón, porque eso es razonable, y no hay quien razone menos que quien lucha por sólo tener razón.

3. Cuando se le volteó la torta, porque le dije que acepto terminar, y que de hecho, no deberíamos volver a intentarlo; verse en una situación de impotencia le hizo caer la máscara por completo. Me habló desde su frustración, desde su miedo. El deseo insatisfecho es el artífice de ambos.

4. Cuando una persona arremete en contra por sus deseos frustrados, demuestra que nuestra persona es únicamente un puente para suplir dichos deseos. No tiene que tratarse necesariamente de dinero o lo que se derive de este. Pueden ser cosas hasta aparentemente inocuas. Pero eso es lo que sucede cuando los deseos y expectativas de una persona están muy por encima del amor y del respeto hacia la otra persona. Esto es egoísmo y el egoísmo es la semilla del mal.

Por más sutil que parezca, se puede resumir que la primera opción de Elsa siempre iría a ser la dominación, ya sea; el secuestro, el arma o el látigo, por encima de lo que yo sienta, por encima de lo que yo piense. Si eso es en la "luna de miel", ¿qué me esperaría si tuviéramos que compartir una vida y enfrentar problemas reales juntos? Al enfermo se le conoce por los síntomas.

Para finalizar el tema, prometí que daría pistas para observar a una persona narcisista y arribista.

Al narcisista le gustan las personas tímidas, aun más si brillan por algo. No es necesario que sea tímido/a, con ser muy buena persona les sirve.

La persona tímida deja con más facilidad que alguien tome decisiones por ella y tome el rol como de padre, eso les es muy útil a los vampiros emocionales. También las personas que no saben ponerle límites a su bondad y tolerancia, de hecho, me parece que sufren más que el primer grupo y que las personas que se sienten cómodas con estar debajo.

Aun en el tiempo en que todo es bonito, porque tiene que inducir el enamoramiento; la persona narcisista responde con enojo a todo lo que no vaya en dirección a sus deseos. Puedes, querido empático, durar un tiempo en darte cuenta mientras trabajas duro para mantener sus expectativas. Si un día que quedaron de verse, algo cambió y no puedes, o hasta simplemente por no poder de manera improvisada, esta persona no sólo se cargará de ira y frustración, sino que buscará atacarte, con lo que sea. Si no tiene un arma (argumento) disponible para la situación actual, no importa, buscará en el arsenal del pasado. Aunque esa infinita pelea de querer tener la razón no es sólo del narcisista, pero son los más reincidentes en ello.

Hay demasiadas señales que gracias a la idealización ignoramos, pero hay dos cosas sobre todas las cosas, que lograrán siempre que caiga la máscara del narcisista y del arribista; estas son la impotencia y el poder sobre su víctima. Es decir, si quieres ver quién es alguien realmente, colócale en una situación de impotencia o hazle pensar que tiene poder sobre ti.

Plantearemos un ejemplo de situación de impotencia. Pero debe ser en una situación que lo amerite, porque no es nada sensato ni inteligente hacerlo para luego disculparse y decirle que se trataba una prueba. Le plantearías que no quieres seguir con la relación o que ya no quieres seguir saliendo con esa persona, aunque la medida sea temporal o para meditar mejor las cosas. Si su reacción es de enfado, si te quiere azotar con el látigo de su frustración, si necesita ofenderte, debes tener una idea de lo que te esperaría más adelante, cada vez que frustraras sus deseos.

Aunque, no te confundas, algunos podrán apelar primero a su orgullo y parecer que lo tomó de forma madura en la conversación, pero es realmente haciéndose el duro o la dura. Eso no duraría, y lo menos con lo que empezaría, es a subir indirectas que son demasiado directas, o hasta provocaciones en sus estados. Esto para que reacciones y allí en su terreno entonces subirte en su cuadrilátero. Si ve que no reaccionas a eso, entonces te arremeterá directamente por WhatsApp o llamada con toda la furia de su infierno interior.

No caigas en el hechizo de darle la razón a su argumento, basado en que su enfado se debe disque al tiempo que "le hiciste perder" que a sus "ilusiones rotas" etcétera. Cada cual es el único responsable de sus expectativas, de lo que siente respecto a estas y de cómo lo maneja. Nadie es el centinela emocional de nadie, porque si para eso estuviéramos diseñados les aseguro que todos naciéramos siameses emocionalmente conectados.

PASANDO BALANCE

Es posible, que una persona que lleva mucho tiempo alimentando una dependencia emocional, dependiendo de su identificación, no tenga grandes resultados a la primera. Pero siempre habrá resultados.

Necesitaremos una libreta de apuntes a mano. Es posible obtener perspectivas conversando con nuestro interior oralmente, es decir, hablar solo. (no… no hay que estar loco para hablar consigo mismo a veces) Para el que le baste con anotar, perfecto.

Primero vamos a trabajar en la "capa" más lógica del cerebro, donde somos capaces de calcular algo en la misma manera en que se calcula si un negocio conviene. Para esto tendremos dos páginas; anótese en la página izquierda todas las cosas que se sienten como desventajas o faltas en la relación que se analiza. De la misma forma, en la página derecha todas las cosas positivas y las que creemos que nos mantienen apegado a la relación con dicha persona. Hecho esto podría cualquiera sorprenderse al ver una lista de 12 contra 3; siendo 12 las carencias y 3 lo único que le une a la persona.

Una vez ayudé a una chica con este mismo método a identificar su agujero emocional en cuanto a su relación y tuvo que darse cuenta que las únicas cosas que la unían al novio eran; algo en él que le recordaba a su padre, que así mismo desembocaba en la diferenciación, así como la costumbre. Aunque, costumbre es sólo el nombre corto que le asignamos a lo que realmente es temor a los cambios, por ser estos inciertos. Saber esto, para ella y para cualquiera, es tener más de la mitad del dilema resuelto.

Dicho esto, invito al lector que lo necesite a elaborar esa lista en páginas divididas.

Con esto tendremos el mapa más preciso sobre cómo anda nuestra balanza emocional.

Aunque, eso no es todo. Hay personas que sin tantas matemáticas simplemente lo saben, que están en una relación de maltrato y desventajas. Pero tienen el maltrato normalizado por un grave problema de autoestima que viene muchas veces como resultado de un hogar disfuncional, ya sea por abuso físico o por la idea de no merecerse nada bueno, que viene siempre de la maldición genealógica y narcisismo de uno o ambos padres.

Pero, sé que para muchos no basta con que la lista le demuestre que está en una relación que no le conviene. Simplemente, esas personas escogerían el sufrimiento, con el alegato; "¿y yo que hago si no puedo dejar de amarla?".

Allí sigue la impresión, es decir; la figura de aquella persona, al imaginarle o al verle, no viene sólo como una figura. Viene como si fuera una caja con cientos de emociones guardadas que le dan un significado que aún no tendría alguien desconocido. Vienen con un valor etiquetado que les hemos puesto, y es como el pensamiento sobre la persona viene vestido de una sensación o emoción.

MEDITACION PARA SUPERAR A UNA PERSONA

La manera más efectiva de ir más adentro, para hacer cambios rozando el subconsciente; es el estado meditativo. Para los que no conocen este campo, esto no es como sentarse a pensar, eso lo hacemos a diario. Hay que provocar un estado de somnolencia, porque vamos a practicar algo más sutil que pensar; se trata de visualizar, pero sobre todo, se trata de sentir.

Esta introducción nunca será igual de efectiva que una meditación guiada, a razón de que no es posible leer mientras se medita. Pero puede, aun así otorgar un antes y después para el que se anime con tenacidad.

Para ayudar con esto, he subido la meditación guiada a Youtube, llamada "MDI – La luz interior del perdón". Si no, lo preciso es memorizar el proceso y entenderlo, para que una vez hayas cerrado los ojos no estés pensando en estas letras, ni en nada más. Sólo mirando hacia dentro para aprender a sentir conscientemente.

Nos colocamos en una posición cómoda, podría ser recostado a 45 grados, pero no totalmente acostado, ya que podríamos caer dormidos.

Una vez cierres tus ojos, relaja tu cuerpo. Inhala y exhala, por un espacio de 4 a 5 segundos en cada inhalación y en cada exhalación.

En cada exhalación vas a sentir los músculos de tu cuerpo relajarse, convencido de que están flotando en el agua.

Para los que sean nuevos en este intento lo mejor es hacerlo parte por parte, por ejemplo; primero pies, luego pantorrillas, luego muslos, pelvis, vientre, espalda, pectorales, hombros, brazos, manos, cuello y rostro.

Hazlo sin esperar ningún resultado, sino disfrutando el proceso, porque esta es la manera de hacer mejor el proceso. Hasta aquí nos aseguramos de aprender esta primera parte, ya que de no escuchar la meditación en Youtube, estaremos solos una vez cerremos los ojos.

Para los que prefieran memorizar el proceso completo y no por parte, no hay problema, es cuestión de facilidad. Entonces en la segunda parte, que será totalmente introspectiva; una vez relajado todo nuestro cuerpo, vamos a imaginar un camino que se abre de en medio de la oscuridad; es un camino de luz, una luz azul verdoso parecido a la llama de la estufa. Nos encontraremos caminando hacia el centro de esa luz. Esa luz es el amor que une todo en el universo, y estaremos preparados para sentir ese amor y esa dicha que para algunos sólo fue posible sentirlo de manera tan pura siendo un niño.

Allí, estarás en el centro de tu existencia, sentir ese amor que fluye como cascada no es algo donde puedo llevarte, te toca a ti y sólo a ti sentirlo, te toca a ti establecer esa "línea directa con Dios". El que prefiera puede llamarle Universo, el budista puede llamarle Buda, eso no importa. No se trata de ponerle nombre ni nacionalidad a la fuente de la vida. Una vez allí, vas a ir a un jardín. Es tan bello, pero tan bello, como ninguno en la tierra. Allí, donde no existe oscuridad, ni pecado, ni dolor, te volverás un niño.

Toma una flor, tu favorita, y cruza al otro lado. De aquel lado del jardín está la persona que tiene tu apego, la persona que necesitas despedir de tu vida. También es un niño inocente, como tú. Te das cuenta, que desde esta pureza no amas a esa persona como una posesión, sino igual que un hermano, incluso igual que a un hijo. Quedan por un momento a solas, lo que hablarán tu inocencia y la de esa persona. Te das cuenta de que pueden incluso hablar con la mirada. Porque sentir es un idioma muy superior al de las palabras.

Para despedirte le dices que le perdonas, así como sabes que también te perdona a ti. Le dirás; que aunque en la tierra tal vez no lo entienda, por amor a ambos debes seguir tu camino. Le dirás que por fin entendiste que nadie es nuestro y que ahora sí conoces el amor. Le entregarás la flor que tomaste, sabiendo que con ella le estás dando las gracias, también sabiendo que no hay despedida, porque ya sabes que el amor une todo y siempre serán uno aquí, fuera de nuestro mundo imperfecto.

Habiendo dado gracias en el idioma del amor infinito, nos retiramos hacia nuestro lado del jardín.

Ahora estás en lo más puro de ti, feliz de recordar cómo es el amor del que vinimos. Recordando a su vez, que debes regresar a tu misión en el mundo. Pero ahora, irás a tu cuerpo con esta luz, con esta alegría, con esta vida.

Volvemos hacia el camino de luz por el que entramos, esta vez de regreso.

Cuando abras los ojos, ya sabrás que vienes del amor y que tu única realidad es el amor.

Habrás sanado, así como habrás aprendido que no necesitas una razón para amar a esa persona, así como también sabes que no necesitas poseerla. Ya sabes que amar no es poseer y que poseer no es amar. Bienvenido a una mejor manera de ver la vida.

Todos los problemas y desacuerdos sólo existen bajo la sombra del ego, y su vehículo es el deseo. Todos en el mundo tenemos deseos, esto por sí sólo no es un problema manifestado. El problema real y manifestado es lo que hacemos con los demás con tal de cumplir nuestros deseos. El problema real es el egoísmo, que es la semilla del mal; manipulación, posesión, chantaje, culpabilidad, explotación, abuso de confianza, engaño, humillación y miles de nombres bajo la misma sombra del egoísmo que llevaría al mundo a la completa oscuridad con tal de tener el control.

La única manera de hacer un cambio empieza por nosotros mismos. Al no permitir que la oscuridad nos esclavice, también evitaremos llevar la oscuridad a los demás y propagaremos la verdad y la luz.

¿Por qué utilizo la palabra chapeo al inicio de este tema si realmente hago énfasis en el narcisista y la sugestión? Porque cuando digo chapeo, sólo estoy mencionando un síntoma. No me importa repetirlo hasta el cansancio; que sólo nos quitaran dinero fuera lo de menos, eso lo logran los que piden en los semáforos.

Lo verdaderamente importante que queremos señalar es el trasfondo, el significado, aquello que estamos aceptando y firmando en el momento en que decimos "ok, eres mejor que yo porque más hombres quieren tu atención para tener sexo contigo, y no tengo otra forma de retenerte que con dinero y cumpliendo tus caprichos". Pero mucho más penoso aun es que hayan hombres que puedan sentirse bacanos por ser correspondidos por eso.

¿Ahora se entiende cuánto se parece a la manera en que mutilamos nuestra conducta para complacer al ladrón emocional? El meollo del asunto es infravalorarse.

El problema más serio no es que alguien haya perdido tanto su alma como para firmar ese contrato, sino que esa conducta se normalizara tras hacerse tan común, como uno de tantos resultados de la deseducación pública.

Aunque parezca cierto que en esta vida el injusto siempre gana, todo lo que sube baja. Sólo hay que echar un vistazo hacia la vida de alguien que fue un maldito, un mal padre, y un abusador de la confianza. Esos son de los que están destinados a tener que conducir un taxi en tan malas condiciones como su conciencia, para costear sus medicamentos y sus vicios. Su mejor compañera es la botella, pues es la única que lo va a soportar cuando no tenga nada que ofrecer, nadie que le crea, ni con qué pagar una prostituta. Sus ojeras pueden ser tan largas como su lista de errores y personas que lastimó.

No piensen que hay diferencia con el maldito que tiene dinero y posición, ese se siente más aburrido aun. Seguirá ejerciendo ser maldito, porque sólo puede dar lo que tiene dentro y nada lo complace a largo plazo. Por eso buscará el punto de insatisfacción y el problema en todo, porque es dentro, donde existe el problema y la carencia.

Ese era el "tipo malo", el que si no paga ahora por compañía está solo, que aunque intente engañarse, sabe que lo único por lo que lo soportan es por dinero o la mujer que lo soporta porque no tiene otra escapatoria que esperar su muerte, o la de él. Vive enfadado consigo mismo y con la vida, el mismo que en lugar de admitir sus faltas convencía a su subyugada de cuestionar su propia salud mental.

El día en que por alguna razón admitía sus faltas, era porque la subyugada tenía la culpa, según él, convirtiéndose así en víctima en la acción donde él es el victimario. He visto eso incluso tras una golpiza, con el título; "¿ves lo que me hiciste hacer?"

LAS CHAPI CARRERAS U OFICIOS

En el fondo de las aspiraciones de una chapiadora* se revelan ciertas intenciones.

Toda chapiadora*, que da un paso más adelante de la que se queda menudeando tígueres* y bebiéndosele los tragos, aspira, en el cliché más pronunciado a estudiar Comunicación Social. Esto, como medio para poder coger vitrina en los medios, así sea como bailarina en el programa del Pachá[13]. Esto para ver si con los favores correctos con las personas correctas, eso la termina llevando a presentadora, que es el frente de la vitrina. Pero todos sabemos que para llegar hasta ahí arriba, no sólo deberá estar que se cae de buena, sino, el 95% de las veces tiene que estar presta a "alquilar" esa posición con favores sexuales, y de calidad, porque competencia no le falta. Debe haber muy pocas excepciones en ese medio tan corrompido.

Esta vitrina termina siendo una especie de subasta entre los capos, políticos, funcionaros, peloteros y viejos logrados. En fin, los que sí pueden darse el lujo. Así que, si le surge el antojo a un opulento, no es nada difícil mandar a

---

13. Luis Federico Crespo Martínez, *autodenominado* El Pachá. *Controversial presentador, locutor y animador dominicano.*

preguntar por ella. Como tampoco lo es encontrarla y abordarla por Instagram.

Vamos a apelar a una premisa un tanto paradójica, para evitar herir sentimientos de chicas sanas estudiando una carrera de chapiadora*. Por ejemplo; no toda estudiante de Comunicación Social es chapiadora*, pero sí toda chapiadora* quiere ser estudiante de Comunicación Social. ¿Se entiende la diferencia?

Las vainas a las que se quiere dedicar una chapiadora*, junto con la interpretación de sus intenciones traducidas pueden ser alguna de las siguientes:

Comunicación Social

Con la intención de ponerse en la vitrina de los opulentos, que ya explicamos en párrafos anteriores. Es donde toda chapiadora* quisiera estar, confundiendo a veces esto con un fin, en lugar de un medio. Aunque, evidentemente, después de que funcionan las redes sociales y el algoritmo lleva solito a los mirones hacia las cuerpas, cada vez se les va haciendo menos necesario graduarse de la carrera para coger vitrina. Con estar muy buena le basta para tener por encima de 40K seguidores, y de la calidad en la que entran los que pueden costear sus caprichos a cambio de su deseada y libidinosa figura.

Hotelería y Turismo

A razón de una dominicanada ochentera que por alguna razón todavía existe en la cabeza de algunas; la idea de que su futuro está en mangar* un extranjero. Esto viene en la arcaica idea de que extranjero quiere decir rico, y que de irse con un viejo italiano o un gordo gringo, van a vivir como su máxima aspiración de reina y señora. Aunque en ello hubo una vez un contexto razonable; y es que en realidad es mejor vivir y proyectarse en cualquier ciudad modesta de USA, que en un campo de RD donde lo más grande que existía era un Mini Market.

He visto mujeres que han terminado esa carrera y no saben un carajo de cocina y mucho menos de idiomas, que se supone que son dos componentes exhaustivos en dicha carrera. Por eso es fácil deducir, que la idea de una chapiadora* no es terminar cocinando en ningún hotel. Tampoco eso de ir disfrazada de safari como guía turística en una guagua llena de gente rubia y mal cocinada por el sol caribeño, la idea inicial es el sanqui-panqueo*.

Con el perdón de los que se hayan fajado para graduarse, me atreveré a decir que lanzarse a esta carrera es graduarse para ir a servir tragos a punta cana, si es que hay vacantes. Para tener una sonrisa en el rostro aunque le acaben de pegar los cuernos y

bajar a Santo Domingo a ver a su familia cada quince días por dos noches, pensando como consuelo que vale la pena porque le salen limpios y la propina es en dólares.

Algunos pensamos que eso debería ser un técnico, y no cuatro años preciosos invertidos en una carrera, ¡y cuidado! que en la UASD cuatro años se vuelven hasta siete.

Entrenadora

Digámoslo en orden cronológico, una chamaquita que lo único que piensa hacer con su vida es estar buena, termina muchas veces siendo entrenadora, o nombrándose Fulanita Fit en Instagram, aunque no entrene a nadie. Sólo para justificar que en su perfil se conozca más su trasero y sus leggins favoritas que su cara.

La muchacha, porque casi siempre comienza desde antes de tener cédula a querer ponerse *ready*; ella se faja. Desde el primer bombeito de glúteos se sube a Instagram orgullosa del logro.

Como son muy constantes por el vicio de estar buena, cada vez más avalado por los comentarios y el sofoque de los seguidores; al año y ni de decir cerca de los dos años, se ponen tan chulas que logran ponernos a babear.

Lo que a veces me da risa, son las frases disque de motivación personal que usan mientras modelan los distintos ángulos de sus traseros. Cosas como "orgullosa de donde he llegado" y mucho cotorreo con las palabras "logro" y "esfuerzo", o algo sobre salud mental y emocional que no tiene nada que ver con colocarse en cuatro en cacheteros* haciendo remo unilateral en banca.

Aunque a cada quién que sea feliz con lo que hace, confieso que he sentido la tentación decirle a una de esas chicas, de las que creen que haber aumentado el culo es haber obtenido un título de algo; "¡wow! Que gran logro de la vida, tener las nalgas más grandes, ¿ahora qué sigue?" Aunque sé bien qué es lo que sigue, aparte de que le conozcan más el culo que la cara. Lo primero es que la tipa creerá que ahora que las tiene más grande ella es más "importante", por confundir adulación y el que más tígueres* se las quieran comer (sus nalgas) con autoestima. El logro realmente es que van a llamar la atención de más tígueres* para los que su carne es la prioridad, ya que aún no han cultivado otra cosa. Uno de esos que le arruinen la vida preñándola ante de sus 22 años y demostrándole que en siendo atletas fitness el tipo les tira mensajitos y reacciones a toditas. Porque dime con qué lo atrajiste y te diré lo que él prioriza, dime qué los une, y te diré qué los separa.

Estas chicas terminan siendo entrenadoras muchas veces por accidente, no por

conocimiento. Por alguna razón, las mujeres creen que comprarle un plan o dejarse entrenar de ella porque tiene buen cuerpo, es similar a comprar una ropa que vieron puesta en un maniquí, creyendo que les va a quedas igual que al maniquí.

Ellas ven que funciona y entonces venden, y a veces hacen una certificación para lograr trabajar en algún gimnasio en lo que les apasiona.

Me permito agregar que muchas, por ser bastante jóvenes; todavía están priorizando encontrar un príncipe azul puyao'*, ya que dentro de su pensar impera muchas veces la ilusión de un tipo que también sea fitness, para así compartir todo lo que conlleva el estilo de vida juntos. Admito que es bonito… pero hacen falta más cosas que una pasión en común. No he visto muchas pareja fitness en RD durar demasiado, incluso con matrimonio de por medio.

Pero sí… también muchas usan el fitness como vitrina de redes para sofocar tígueres* por algo más que adulación a su ego, que sería para chapiar. Prepararse para ir a tarima como atleta es algo que requiere muchos gastos, y hay muchas que suelen hacerlo dándole las nalgas a uno que otro preparador de Santo Domingo, ya que estos en cambio las entrenan y a veces les patrocinan los fármacos. Pues le sale más barato que ir a un burdel, además de tratarse de chicas que están duras o en el camino de estarlo. Es decir, que hay jevas* que tienen que chapiar para ponerse en la condición deseada para chapiar.

Aunque una sexóloga feminista diría que el 100% de los hombres queremos un buen físico para llevarnos el mundo por delante, no necesariamente es así. Hay los que nos gusta esta vaina y nos sentimos poderosos dándolo todo entrenando, también porque nos sentimos a gusto con nosotros mismos, cuando nuestra presencia proyecta el estado de nuestro propio estoicismo. Pero el que no es atleta ni entrena con disciplina podría entender algo que se llama "estilo de vida". Ahora… sí, es cierto que muchos ven esto como un arma sexual, pero no todos. Para los que aún se hacen pajas* mentales pensando que los entrenadores están bien porque los mantienen par de viejas, les dejo saber que 8 de 10 veces, me atrevo a decir que 9, realmente es un viejo y no una vieja, cosa que esconderían por la vergüenza dado que realmente no son homosexuales, eso es lo que se le llama en buen dominicano bugarrón*, es decir, al que no le gustan los hombres, pero se lo tira a cambio de su dinero. El hombre sabe muy bien que en RD, por bueno que quiera estar, una mujer que le dé su dinero es un unicornio de los que aparece un 30 de febrero.

Se cuentan con los dedos de las manos las personas del mundo fitness que entran humildes y salen humildes, al menos en los niveles atléticos, no tanto en la gente normal. Es decir, ponerse muy bien físicamente puede impactar más el ego que la autoestima

En ese mismo tenor, especialmente la mujer, si no es que posee bastante pureza o hasta tiene una visión de la vida algo holística o espiritual, puede ser dominada por un narcisismo enorme, de esos que sin ellas enterarse cómo, terminan cansando a un hombre. Porque este siente que hasta la brocha de maquillaje de ella tiene más prioridad que él, en consecuencia de su obsesión con la "perfección".

Algo que ya tocamos temas arribas; sobran tígueres* que tienen cuarto o que están duros, tirándoles fueguitos en sus historias de Instagram. Ellas tendrían eso muy presente si su pareja o al que está conociendo pisa en falso o no le aguanta su estrellato.

Pero no se nos puede quedar mencionar la situación en que el tipo es quien le patrocina el adictivo hábito de lucir perfecta, y a este lo botan como un perro del trabajo o le comienza a ir mal ¿Quién creen que ganaría la pelea, el narcisismo aprendido o el amor al tipo que tiene su misma pasión? … ¡espero sus apuestas!

Las Masajistas

De estas es raro la que no sea venezolana o colombiana, sin ánimo de denigrar, lo que pasa es que la fama se gana a pulso.

Las "pasa manos" autocalificadas como masajistas, llenan la oleada de negocios de cuerería* según ellos tapá*' que nos bombardean en anuncios por todas las redes. A veces no encuentran cómo es que van a forzar la insinuación de que la idea es vender servicios sexuales. Empezaron sutil con el slogan "spa de caballeros", luego con las fotos de las masajistas que asumen posiciones muy perras, encaramadas en la camilla dando el "masaje". Luego con los videos donde las manos de la masajista van derechito como a agarrarle el tallo* al cliente. Hasta que finalmente ya anuncian los masajes "Nurus", adjuntando la descripción que indica que son tántricos. Consisten en que la masajista roza su cuerpo lleno de aceite sobre el sexo del hombre.

En fin, se trata realmente de un servicio sexual tan frontal como en los burdeles. La diferencia es que las tarifas no están tan establecidas que digamos, aunque atraigan con los precios de oferta para lo mínimo.

Tienen el rejuego de valorar cada tipo de servicio en precios separados y hasta por carita, entonces nos podría salir mucho más caro y obteniendo menos que con la del burdel.

Imaginen que en un pica pollo* empiecen a cobrar por cada pieza, por cada frito y también el kétchup. Si no como en los "vuelos económicos", de los que nos cobran hasta por llevar sombrero y por cada cuadro de la camisa. Si pareces gringo o lo eres, espera la tarifa basada en que ganas en dólares. Así que, pican muy bien sin tener que exponerse tanto como las de los burdeles.

En realidad, estas damas no son masajistas, o tal vez, rara vez hayan hecho los cursos. Aunque lo hayan hecho, ellas saben que eso cansa mucho y paga poco de hacerse en su manera regular. Son más bien pasamanos y frota cuerpos eróticas, que ganan relativamente igual que las de burdel sin el trago amargo, o con muchas opciones antes que el trago. Si las mencionamos dentro de los chapi-oficios aunque estén dando el servicio directo, recordemos que toda mujer del servicio chapea siempre que le sea posible. No puedo imaginarme una de ellas protestando con este tema diciendo algo como; "¡no señor, yo no chapeo… yo soy una masajista de finales felices muy seria!

En este apartado me imagino que no habría sido necesario que mencione a las stripers, las meseras de discotecas, las bailarinas cuerpas* de un equipo de animación o de programas, etcétera.

CONVERSACION CON MANCEBO
(continuación)

H –Te puedo contar como rompí mi impresión sobre mi primera novia en una sola sentada, y con esto también rompí el "enamoramiento" que me tenía paralizado y sufriendo. Tras unos cinco minutos de entrar en ese tipo de meditación, la chica ya no me daba ni frio ni calor.

M –¿En serio loco? Pero enséñame eso.

H –Te contaré la historia para que entiendas el proceso:
Tenía yo 16 años, y tenía como año y medio con mi primera novia, yo era mayor que ella que tenía 14. Eso sí, lo que yo le llevaba de edad ella me lo llevaba de maldad y de "millas". Le daba placer estrujarme emocionalmente, ahora es que entiendo por qué hay personas así, que son adictas al poder sobre los demás y a hacer el daño.
Me decía que terminamos porque tuviera nublado, pero también porque picaba el sol, es decir, por todo y por nada. Incluso cuando pude ser espléndido con ella hasta con eso me atacó.
Para mí ella era virgen, pero todos sabían, excepto yo que no lo aceptaba; que no había un vecino en nuestros rangos de edad con el que ella no hubiera majao*.

Hasta en las escuelas que estudió, siempre tenía algún compañero que la encaminara a su casa. Llegó a hacerme amiguito de uno que llegó a sentar en mi casa y que le hice el cerquillo. Pero falta lo mejor, y obvio no se iba a saber en ese momento, por mí ni por nadie.

Para que tengas una idea de quién tenía en sus manos mis emociones; ella, que fue criada desde sus cuatro años por su hermana y cuñado con los que vivía, terminó luego quitándole el esposo a la hermana embarazándose del mismo. Hasta entonces no entendí por qué tanto joder y tanto celo con la cuñadita. Por lo cual la relación, los encuentros y hasta las llamadas tenían que ser a lo escondido.

La historia es sólo para hacerte una idea de si la estaba pasando mal con esa chamaquita*, especialmente en la edad en que todo es el fin del mundo.

En eso, conocí el alcohol, junto a mis amigos más adultos y con más calle.

Descubrí que el alcohol era un buen portal hacia una dimensión donde podía olvidar mi amor ultrajado... claro, eso porque el primer jumo* fue divirtiéndonos, andando y hablando muchos disparates. Es como si el alcohol es una especie de amplificador de aquello que decides sentir. Ese primer día fue chercha y distracción, pero si te pones a tomar pensando en la persona raíz de la herida, disque para olvidarla, ahí es que te va a da para ella con "zoom". Y eso fue a todo lo que me dediqué luego.

En ese relajo, luego de una de sus terminadas llevaba dos días tomando, y decidido a ir por el tercero. No recuerdo cómo conseguí el dinero o qué cosa ajena de mi casa vendí. Sí... a ese nivel estaba.

Subí a la azotea de una casa en construcción, donde recién me acostumbré a ir a tomar. Era la hora en que el sol ya se despide en el horizonte.

Antes de abrir la botella miré mis manos, como recordándome que mi existencia es real, porque sentía de alguna manera que lo perdemos de vista. En eso, una sabiduría muy extraña dentro de mí me hizo plantearme algunas preguntas.

Parecería una conversación con alguien muy sabio, pero no era para menos, era mi Ser, mi Yo superior o cualquiera de las formas en que algunos prefieran llamarle, aunque cosa que desconocía en ese momento.

S –¿Tú la amas?

H –¡Por supuesto que sí!

S –Bien, ahora dime algo. Tú sabes que absolutamente todo tiene una razón de ser; dime al menos cuatro razones por las que tú entiendes que sientes eso por ella.

H –Es atenta cuando quiere, me ha dado momentos nuevos, me gusta su cuerpo y obviamente me gusta samar* con ella.

S –Y ahora piensa bien esto: Si la misma Luci Fernanda, que vive en la misma casa, viste la misma ropa y duerme en la misma cama; no fuera atenta, no te gustara su cuerpo, no te gustara samar* con ella, y no te hubiera dado momentos nuevos (cosa que quien fuera que te los diera iban a ser nuevos) … ¿tú crees que sintieras eso que sientes por ella? –Lo pensé como por 15 segundos.

H –No, es obvio que no existiría tal sentimiento hacia ella.

S –Entonces, he ahí tu respuesta. Hugo… no es ella, lo que menos te importa es que sea ella. Lo que sucede es que lo que tú "amas", es a las cosas que ella como chica te da a ti como chico. El error es que tú lo asocias a su imagen y figura. Entiende, que si Luci Fernanda no existiera, no se conocieran o no te gustara, simplemente tuviéramos hablando ahora de otra chica. También, que esa otra persona, posiblemente en lugar de darte cuatro cosas te diera diez y sin los maltratos. Existen, están ahí afuera, pero si nunca sueltas el pito* no podrás conocer la flauta. Levántate sabiendo que todo es por el amor a ti mismo, sólo que mal interpretado.

Debí decir "gracias" … o tal vez lo dije en el lenguaje del silencio. Me quedé unos minutos allí, sintiendo como si fuera algo nuevo la brisa que me acariciaba, incluso viendo más bello el verde de las hojas.

Salir de un estado depresivo, de donde la sabiduría del Ser me sacó en una sentada; es como haber salido de un pozo profundo, donde olvidaste lo bella que es la luz y la vida, que al salir, aprecias con el asombro de un niño. Entonces, una especie de amor a la vida cobró vida en mí. Así es como zumbé la botella de ron a un solar sin haberla destapado.

Vi a Luci Fernanda en la galería de su casa mientras yo caminaba a la mía. Me miró con jubiloso desdén, como segura de que me estaba castigando con el desprecio sobreactuado de su mirada, donde lo que más se notaba era que lo disfrutaba bastante. Pero ahora todo había cambiado, su presencia ya no me daba ni frio ni calor.

Ausente de enamoramiento o de algún rencor sólo la miré, por primera vez encontrándomela hasta bastante fea. Sólo pude decirme a mí mismo, "¿de verdad? ¿por esta vaina era que yo taba' así? #

De esa manera te dejo claro, Mancebo, el poder que hay en una impresión y lo que pasa cuando cambia lo que piensas de alguien, inevitablemente, cambia lo que sientes. Pero fíjate que la forma de cambiar el cómo verla a ella sólo fue posible cambiando cómo me veo a mí. Ya sabía que me amaba a mí mismo, sólo que lo tergiversé. Así es como permití que mi ego convirtiera a alguien en una necesidad. Con todo esto está claro que para encontrarme con una gran verdad tuve que librarme de una gran mentira… "Y conoceréis la verdad, y la verdad os hará libres[14]".

La comprensión es la espada, el amor es el escudo y el enemigo no está afuera, está dentro; son las sombras que viven de haber robado la luz de nuestra conciencia, es el ego. Siempre tiene hambre y sólo se alimenta de soberbia e ignorancia.

M –Loco pero que profundo. Aunque no entendí lo de que el amor es el escudo, eso suena como a refugiarte en ella o alguien más que te ame… ¿no?

H –No Mancebo, el verdadero amor no tiene nada que ver con poseer a alguien, ni esperar algo de alguien y sufrir cuando no es lo que esperas. El amor es un estado de conciencia y es incondicional, de él afloran las virtudes. Es el que sugirió practicar Jesús y está resumido en la manera en que dijo que hagamos con los demás lo que nos gustaría que hagan con nosotros.

M –¿Y siempre te funciona loco, es decir, tú eres como invencible y vaina así?

---

14. Juan 8:31-32, Reina-Valera 1960.

H –¿Invencible? La única invencible es la verdad, y más o menos el que se vence a sí mismo y sabe que no hay enemigo afuera. Pero entendiendo el contexto de tu pregunta, déjame explicarte algo, Mancebo; Dios no está ocupado poniéndole pruebas al hombre, ni tampoco feliz poniéndole trabas. Lo que sucede en cambio es que por ejemplo; si tú tienes problemas para aprender a esperar, automáticamente un semáforo en rojo será tu "prueba" cada vez que se te presente uno. Allí bajo la presión, bajo el enfado, te empeñas en entender que el semáforo es el problema.

La vida no tiene ninguna prisa, y te puedes echar la vida entera desgastándote y peleando con cada semáforo. Pero esto no es un castigo, es una oportunidad para aprender a esperar. Cuando la misma persona aprenda a esperar, verá que el problema sólo existía adentro, y así mismo lo es con cada dolor de la vida.

De hecho, creo tener una idea de dónde sale eso de que Dios les da las más grandes batallas a sus mejores guerreros, más allá de la frase cliché de consuelo para quien atraviesa un momento difícil. Pues, que al que ya se venció a sí mismo con las pequeñeces, sólo las grandes situaciones podrán contarle como "pruebas".

No es porque las grandes situaciones no le llegan a cualquiera. Pero te aseguro que mientras estas llegan, el que se ha vencido vive mucho más en paz que quienes se viven peleando con la vida por todo, que tendrán tribulación con lo superfluo y también con lo realmente importante, es decir que tendrán tribulación siempre. Aunque, hay que reconocer que puede ser paradójico.

M –¿Paradójico?

H –Me refiero al "gusto" de estar disgustados. El iracundo
no cree que la ira es dolor mientras la manifiesta, ni que
la rencilla es enfermedad mientras la profesa. Las personas adictas al conflicto y al culto al disgusto, son realmente
adictas a la adrenalina que secretan durante la queja y el
enfado, como con cualquier droga, sin saber que sacrifican
vida de su vida a cambio. Si conoces a alguien así invítale a
hacer algún deporte extremo o a montar bicicleta en pendientes, y verás como muy posiblemente ese día y tal vez
al día siguiente estará más calmado, tan sólo por tener otra
manera de obtener el *shot* de adrenalina.

Es obvio que mi primera novia no se llamaba Luci Fernanda, el nombre es haciendo mención a Lucifer, ya que la
hija de su madre era más mala que un clavo en un tobogán.

UN DIA CUALQUIERA

Ahora contaremos una historia ficticia, pero al mismo tiempo real, sobre cómo puede ser una noche social en que se cruzan las chapiadoras* y los paqueteros. Siendo su epicentro las discotecas y bares de clase media, donde ellas pretenden cruzarse con capos y demás, pero también se llena de paqueteros y ahoga-tarjetas. Cualquier parecido con la realidad es pura coincidencia.

Un personaje llamado Sandy llega a los frentes de The World, en la Gustavo Mejía Ricart, con nostalgia, porque le gustaba tirarse a la Av. Venezuela. Pone su cristal medio bajito en lo que parquea su Porsche Cayenne 2017 que compró con un milloncito que heredó de un terreno, 200,000 que juntó, mas un préstamo de 700,000 con el que va ajorcao* y que puede apenas puede pagar por tener un buen puesto y "búsqueda" como empleado público. Dicho puesto no es gracias a su inteligencia, estudios realizados o méritos, sino al nepotismo. Porque su tío es el director administrativo que nombró el presidente en la DGII u otra institución del estado. Este no sabe un carajo de administración, sino que es un cuñado que está frio o algo por el estilo. Pero para eso, tiene un subdirector que hace todo el trabajo suyo y gana una cuarta parte de lo que él.

He aquí el artículo de primera necesidad de Sandy, una jeepeta para romper ojos. Aunque sea 2017, sigue siendo una nave en el mundo de las chapiadoras*.

Sandy, al ser un sujeto tan básico, su más alta necesidad social es el paqueteo. Así que él necesita introducirle el sueño de falsa opulencia a las dos malhechoras* que vió en la otra acera y quiere que no se pierdan que él es el dueño de ese vehículo, al que ellas miraban como esperando que se va a apear Maluma.

Se apea el tíguere*, con el pechito alto y con cierto caminar que parecería que le han tirado la alfombra roja, un brazo lleno de tatuajes tribales de esos con los que ellos quisieran insinuar que son semejantes a Figueroa Agosto, de esos que tienen el típico *starter pack* de *bad boy* de la Zona Oriental que tiene una motora*.

No necesito ser psicólogo para entender que ellos entienden que con ese distintivo podrían lograr que las mujeres juren que es un capito, y que caigan en la trampa de dárselo* sin pensarlo mucho para intentar asegurarlo, en lo que se averigua si era un bregador* o no, o ya sea, averiguar si a él le va tan bien como parece.

Ya los revisó el seguridad en la entrada, que le dice "mío*, ya usted sabe que tamo' aquí activo*", a ver si Sandy le deja caer así sea una papeleta de cien. ¡O no!… piensan que debería poder ser de dos mil, porque el tipo anda en una Cayenne. #

Sandy anda con una pinta bien fresh y unas gafas Versage que creo que fue *El Mayol quien las puso de moda. Anda con dos amigos, Carlos y José, que al no ser los que conducen la Cayenne quedan como sus guaremates* o lambones*. Por suerte para ellos, eso sólo queda en conocimiento de quien los vio apearse, y la información dentro de The World sólo la tienen las dos malhechoras* que los vieron parquearse.

El hombre se siente como que está entrando con espejitos a una cueva llena de indios y que le van a dar el oro. Van camino al VIP a prender velitas y a ejercer el paqueteo. Ya en ese trayecto de los escaloncitos, cada uno nota como llamaron la atención de algunas.

Sandy recibe una mirada pícara de parte de una rubia teñía*, miradas de esas que se combinan con la forma de ella usar el sorbete de su trago.

La teñía está con dos amigas más en su mesa y un Chivas Reagal parqueado en una hielerita en la misma. Están locos por hacerles la parada, pero todavía necesitan darse a sentir. Además, también necesitan mirar más detenidamente el catálogo de las que hay y andan solas. También prefieren esperar un poco, a ver si llegan mujeres que estén aun más duras, para luego no arrepentirse de que ya están acompañados, si llegan las malas* que están realmente buenas.

Sandy, sentado abierto como si quisiera que se note que todo ese espacio del mueble es suyo, incluso con un brazo extendido sobre el mueble como abrazando el espacio vacío, procede a pedir un Gold Label.

Ya las mujeres, tanto el trio antes mencionado como las ocupantes de otras mesas, a pesar del humo de las hookas, ubicaron y saben quien es el de los cuarto*. Porque son astutas para el lenguaje corporal. Ellas notan, que ese que está deplayao'* como si tuviera en pantaloncillos en el mueble de su casa, ese mismo, que llama al camarero con una expresión de faraón que llama a su siervo, ese es el de lo' cuarto.

Baja Carlos a hacer la diligencia donde el trío; Ana, Belkis y Elizabeth.

Carlos es el encargado del departamento de acercamiento y "cotorra", por lo que resuelve invitar a las mujeres al VIP con ellos.

Sin un Carlos, lo más común que procede es mandarle tragos a la mesa de ellas, que si lo aceptan; para los hombres eso es como haber comprado un derecho, así que tras hacerse otras señas terminan haciendo contacto. Ellas, anteriormente convinieron que los tres se ven bien. Aunque esto, en el mundo de ellas no se refiere meramente a que sean bonitos, sino que parezca que tal vez uno o varios de ellos mueven dinero.

Algo que suele suceder por micras de segundos y aun notarse, es ese momento en que ellas llegan y aún no saben con quién les toca sentarse, hasta que cierta mirada y saludo les indica. Por suerte para ellas, porque si no vivieran enemistadas; ellas no se pelean por ser la que se va a sentar con Sandy al estilo "yo lo vi primero", esa decisión es del hombre y ellas aceptan una vez que sucede la repartición acordada, total que la meta a corto plazo de ellas no implica tanta selectividad.

Ana se sentó con Sandy, Belkis con José y Elizabeth con Carlos.

Entonces Sandy aborda a Ana:

S –Hola chula.

A –Hooola.

S –Seguro te lo preguntan mucho… ¿tú ere' venezolana? –Porque ahora se supone, que así es como se le insinúa a una dominicana que ella es bonita.

A –No mi amor –Responde con cierto patriotismo y una sonrisa de que aún no se ha soltado. –Sureña de pura cepa… y tú, ¿cómo te llamas?

S –Yo soy Sandy para "selvilte". –Otra vez nos meteremos en la mente de esta clase de tígueres*; Es como si ellos entienden que por hablar como Daddy Yankee, eso hará que ellas tengan la impresión de que ellos son reguetoneros, un típico deportao' con cuarto, o alguna vaina similar al latín-lover que tiene dinero y lo derrocha. #

A –Ana, encantada.

S –Ya. –Responde Sandy, declarando con esta respuesta que pertenece a un grupo de hombres que tendría muy poco material en la cabeza como para dar una conversación que no fuera yendo drásticamente al grano.

El alcohol va apretando, sacando a flote soltura y temas en todos los participantes que bailan una que otra pieza.

Vienen velitas al VIP, que son la forma pirómana del *summun maximun* de la felicidad de un paquetero y de las mujeres de ese nivel que les gusta sentirse "bendecidas" en comparación con las que están fuera del VIP.

Las mujeres, si no es que se programan a darse un suape*, son las que mejor administran la bebida, para no ponerse loquísimas y evitar terminar abriéndose emocionalmente, o algo peor aun; y es que el alcohol logre que los ojos de ellas vayan cogiendo filtros y les termine gustando el tipo de verdad.

S –¿Y klk? –pregunta Sandy. Término de nuestro lenguaje desechable, que ni es una pregunta, ni es una respuesta, ni es una propuesta. Más bien, una forma de entender que está iniciando una conversación sin punto de partida ni rumbo. Como esperando que ella dé alguna pista sobre su disponibilidad.

A –Na', ya tú ves… pasándola bien con ustedes. –El "klk" vino siendo como sacudir una mata de mango a ver si cae algo. Pero al ver que no cae nada, entonces Sandy se desespera y recurre a la pedrá' con los mangos. #

S –Oye, pero vamo' a salí a hace un corito, ¿klk?

A –¿Y salir como a dónde? –Aunque Ana sabe que el plan de Sandy es tener sexo lo más pronto posible, con esta pregunta, ella le abre la ventana de él intentar impresionarla con el "dónde", o de él tener que declarar bruscamente su necesidad de sexo, o… de invitarlo a que vaya más despacio, que aunque se sepa la intención al menos la disimule un poco.

S –¡Oh!, tú sabe… a pasarla jevi*, donde tú quiera. Con techo o airecito libre, hasta pa' la playa nos vamo' ahora si tú me dice que sí mami. O donde sea, por cuarto* no te preocupes. –Lo del techo es para insinuar ir a una cabaña*.#

A –¿Y no vamos como que muy rápido?

S –Yo lo que toy' e' en ti mami, lo rápido o lo no rápido depende de ti "mi amol". – El tipo entiende que él va muy bien de cotorra*. #

Ana, Belkis y Elizabeth son diferentes. Ana es el tipo de mujer que no sale en la primera noche, porque, aunque le gusta el dinero, también le gusta que venga de una relación, más que de encuentros esporádicos.

Muchas veces, mujeres como Ana se la dan de importante frente a un tipo con mejores condiciones económicas que ellas, que es al que le podrían sacar algo. En el entendimiento de que comportándose así, es como pasarían por blanca palomita para el sujeto. También, suelen pensar, porque a veces funciona, que el hecho de jugar al gato y al ratón con el tipo, administrando las dosis de atención e interés hacia él, resulte en incrementar el nivel de entrega de parte del sujeto. Sin embargo, ella ha dado toda clase de patadas voladoras* con tígueres* de su barrio y alrededores, que están tan en malas como ella, donde tal vez no haya nada que fingir y por eso es un proceso más franco.

Entonces, Ana sabe que un tíguere* paquetero cuando puede derrocha, por lo que no es mala idea dejarse cortejar. También, sabrá Dios si ese es el de la calle, al que ella juraría "a ese lo arreglo yo".

Mientras tanto, Belkis es más desinhibida. A ella realmente no le molestaría, aunque le da casi lo mismo, pasar la noche con José. José que es medio tiguerón* le monta claro a Belkis.

J –Mi amol, tú lo que ta' e' pila de buena mami y yo soy un tíguere* que hablo claro. ¿Con cuánto lo hacemos pa' yo "robalte" esta noche? –Belkis hace un gesto un poco sobre actuado de sorprendida abriendo la boca. Nada más se ríe, por no saber que responderle, ya que aún no sabe la situación de sus compañeras. #

B – No sé amor… vamos a seguir disfrutando la noche y a ver que tal.

Elizabeth es la más tiguerona. Ella va tentando, para saber a qué nivel va a llevar el coro. Es decir, ella está muy bien con que le patrocinen los tragos de la noche si ve que no hay mucho que sacarle a Carlos.

Ella va midiendo y descartando en orden de importancia, primero va tentando a ver si Carlos precalifica, para ponerlo en algún lugar en la escalerita de la importancia. Es decir, evalúa si vale la pena ponerle caso por WhatsApp, luego del momento de intercambiar contactos si el tipo se porta bien. Porque actualmente Elizabeth, cariñosamente Eli, está bien de candidatos. Mientras que Elizabeth ya le está olfateando a Carlos lo ruyío*, en el test psicológico que le está haciendo y él lejos de enterarse. Lo que puede pasar en ese caso es ella ponerlo en *hold* "para apostar" (recordemos a la apostadora) sin descartar el "salir orita* si hay cuarto".

En dato adicional, hay mujeres que usan esta plataforma de las discotecas y bares para vender sexo directamente. Nunca se atreverían a ejercer en un burdel por miedo a que se las tope alguien conocido o familiar, por lo que entonces operan de esta forma en la disco. Aunque hay algunas tan apretá'* que son de la capital y trabajan en un burdel de la capital. Y paran como los gatos, acechando desde las sombras a los que van entrando, para ver desde la oscuridad si pudo llegar un conocido o uno de los muchos novios a los que ha estafado emocionalmente.

Entonces Carlos le tira al cuello a Elizabeth, ella lo esquiva sonriente y con todo bajo control.

E –Tranquilo papi... que si tú me prende va' a tené' que apagame'. – Dice Elizabeth con cara de que le gustó el intento, aunque no lo dejó.

C –Diablo mi amol ¿y klk?, pero vamo' a da una vueltica, tú me tiene rapidísimo. – Dice Carlos. #

Elizabeth le hace una seña a las demás, casi invisible para los hombres, para ir al baño. Esto la reconoce como la capitana del grupo; por si no sabían, en todo grupo hay una capitana. Van al baño a ponerse de acuerdo y armar la jugada, que pudiera haber resultado en un 3 pa' 3, pero sacan a flote más contras que pros. #

Han identificado a Sandy como un paquetero, aunque no es lo más determinante. Sino la idea de que tal vez valiera la pena, sólo si los otros dos tuvieran a su nivel, porque Carlos y José ya fueron identificados como los guaremates*. La salida no va por una política muy clara; si ellas salen es juntas.

De allá para acá ellas vienen con una historia de que a Belkis se le activó la migraña y que la mamá de Ana está enferma, por lo que tampoco pretende estar en el medio hasta muy tarde. Ya con eso se sobre entiende que Elizabeth no va pa' parte por el precepto antes citado: "juntas salimos y juntas volvemos".

Los tígueres* obviamente como que se quillan*, pero sin show. Entonces Sandy, frustrado y molesto decide la retirada. Deja a sus guaremates* en el barrio y les dice luego que se apean: "Yo vengo ahora, que me tiró una mala* ahora mismo."

Sandy en realidad fue a la Pasteur a quitarse la frustración, a un sitio de caballeros donde va a pagar por lo que quiere y el resultado es seguro, no circunstancial.

Este no es el caso que siempre pasará. Pero sirve para presentar conductas típicas de tres personalidades femeninas y masculinas en una misma historia. Ya quisieran los hombres que lo que sucediera siempre fuera como en la Salsa titulada "viernes social" de Cano Estremera.

También aclaro, que este es sólo un caso de los más comunes, porque si nos vamos a la extravagancia, hay tígueres* que botan hasta medio millón de pesos o más, que bien para el que puede… pero lo llega a hacer también el que no puede. Hay esta clase de paquetero que hacen un lío o gastan hasta el último peso de una herencia o alguna contrata, contando con que de algún lado podrá buscar el dinero de pagarle a sus empleados luego.

Van y se meten a un área que tienen algunas discotecas para propietarios y socios en adelante, que es donde se ponen los capos. Se lo ceden, por la garantía de que van a destapar de diez Möet o Dom Perignon en adelante. Los Hiper paqueteros hacen este tipo de fanfarria, a cambio de estar seguros de que no haya mujer allí dentro que no les haga bulla y hasta lograr que compitan una con otra, en demostrar cuál puede comportarse más perra y desinhibida en su "carnaval".

CONTRASTES DE POBREZA Y RIQUEZA MENTAL

Debo resaltar, y si es necesario insistir, que llegado el momento en que digo la palabra "pobre", no viene acompañada del menor ánimo de ofender a la gente sin oportunidades y hasta luchadoras, por el contrario, enfatizo enérgicamente que la pobreza material es un resultado, más de causas mentales y culturales que de causas externas. Desde aquí llamaremos al que camina pa' atrás Juaniquito, y al que decide echar hacia adelante, Bonifacio.

La riqueza no es la cantidad de dinero que se consiga, sino lo que haría una mente pobre o una mente rica con este. Sí… sí, es como si oyera las voces de algunos decir "este tipo ta' loco. ¿Cómo me va a decir que la riqueza no se mide por lo' cuarto*?"

Ahora se los explico; mi amigo Mancebo, que es el Juaniquito más grande que he conocido. Mancebo tuvo una herencia de más de dos millones de dólares, y en menos de 11 años después lo he visto rentar un Sonata para hacer Uber y vivir en una habitación que le prestó una hermana. Tuvo mucho dinero, pero no dejó de ser Juaniquito y su conducta financiera fue la que lo hizo terminar allí.

Sin irnos muy lejos, creo que todos saben el caso del moto concho* dominicano que se sacó la Loto, cerca de ciento veinte millones de pesos (DOP), y en algunos cuatro años volvió a sólo tener un motor para ganarse la vida, otro Juaniquito.

¿Ya se puede entender que riqueza es una actitud y no una suma?

Este no es un libro de educación financiera, especialmente porque quien escribe mal manejó sus fondos repetidas veces, pero es mejor haber aprendido tarde que nunca.

En fin, hay que darnos cuenta de cómo se nos pasa la vida y como maltratamos nuestras oportunidades, gritando que no tenemos oportunidades porque no nacimos Viccini. Porque no nos cae un maletín de dinero del cielo, o porque el partido no nos dio un puesto en el estado, aunque hicimos campaña.

No, no ha sido falta de oportunidades, ha sido no querer sacar la mente del mismo cajón. Ha sido el mal hábito típico de muchos cuarentones taxistas y conchos*; que tienen dos y tres familias que mantener, sin que una sepa de la otra. Los mismos que creen que tienen siete mujeres, y son las siete mujeres que los tienen a ellos. Porque ven a cada una muy poco tiempo y tienen que tributarles para sentirse dueños de estas.

Un Juaniquito trabajará en impresionar a los demás, en ponerse ropas de marcas ruidosas, comprar unos tenis Jordan con lo que no se ganan en una quincena, beber hoy sí y mañana también, llenarse de tatuajes y meterle un musicón* al carro, que cuesta más que con lo que podía cambiarse el carro por uno de menos años.

El gasto más importante de Juaniquito es el de perseguir mujeres que dentro de su círculo están buenas, y en lo que dicha persecución conlleva, tienen que ser detallistas, bacanos o impresionar con algo, de lo contrario no accederán a ellas. El problema es que Juaniquito, tal vez gana dieciocho mil pesos como mucho, paga ocho mil de alquiler, gasta tres mil al mes de pasaje, no le alcanza para salir con más de dos fundas del supermercado, por lo que compra en el mercado, come donde la mamá y es al que más hay que estar ayudando y ligándole lo de la gasolina o pasaje. Pero es el que más corteja varias mujeres a un tiempo y el que preña hasta con la respiración, también el que paga un préstamo con otro préstamo.

Más serio aun, muchas mujeres Juaniquitas, tienen un chip de mujer de campo de antes, de cuando Trujillo[15] las premiaba por parir. Piensan, que lo que deben hacer con su vida es preñarse para casarse y vivir del marido que suponen que va a mantener la casa, a ella y a los hijos. Que de no salirles bien lo de "vivir felices por siempre" igual creen que embarazarse y parir es una profesión, por la que vivirán de lo que el padre del niño les dé para el niño. Cosa que también es rara de ver hoy día, más por irresponsabilidad que por el poco alcance económico.

En esta nueva generación, cada vez habrán menos que quieran renunciar a la vida bohemia y de andar la calle. Les es fácil olvidarse de la que preñó, e irá a buscar tres o cuatro más con las qué repetir la historia en la calle. Aunque el dinero no le alcance para estar en el medio, no importa, pa' eso y pal' cerquillo no le puede faltar a Juaniquito, aunque tenga que hacer líos. #

---

15. ***Rafael Leonidas Trujillo****. Político, militar y dictador dominicano, que ejerció su régimen desde 1930 hasta 1961.*

Aunque, vamos a aclarar algo, el mono aunque se vista de seda mono se queda. Es decir, hay pobres con dinero, ya lo mencioné al principio del tema.

Rico es el que ricamente produce, no el que en grande gasta. Lo que pasa es que el gastar o poseer es la única parte que podemos ver y es muy fácil entender que eso es ser rico.

Cuando alguien, a pesar de tener dinero no tiene clase. Cuando cree que ahora por tener hay que lamberle* y celebrarle los chistes, aunque sean malos. Cuando cree que es la excepción a las reglas, especialmente donde está gastando dinero, a este se le conoce como un chopo* con cuarto. No existe entonces, un ente más insoportable y prepotentico. Les gusta que los endiosen, por lo que casi siempre les gusta andar con par de lambones, guaremates o ayudantes de bebida pa' arriba y pa' abajo. Son Juaniquitos empoderados, no se imaginan cuánto si tienen jeepeta y pistola.

No nos confundamos, las personas de mente rica no necesariamente alcanzarán la riqueza como tal en su vida. Pero sí les está asegurado el crecimiento personal, que es de donde sale el crecimiento financiero; eso son los Bonifacio.

¿Por qué Bonifacio? ¿Yo que sé? Tal vez me salió ese nombre porque tienen buena cara, "boni" de bueno y "facio" de cara. Un Bonifacio es alguien que no vive una vida instintiva y que tampoco está pendiente de la adulación de los demás. Por eso, y por buscar pareja semejante, es por lo que prospera.

He aquí el gran contraste entre Bonifacio y Juaniquito:

¿Por qué a pesar de vivir en el barrio le va mejor a Bonifacio?

Porque vive físicamente en el barrio, pero no está atado a las costumbres y modo de pensar que abunda en el mismo, se liberó de estos por decisión propia. Porque Juaniquito desde que cobra, se da una pinta* y se tira a una discoteca de mala muerte, o a un drink, o cualquiera de esos negocios de bebida abiertos, que mientras más gentío hay más les gusta. Cuando menos, va a la chercha* del colmado, a un billar o donde sea que vendan cerveza. A la misma hora que Bonifacio está fajao'* con un curso técnico de algo que le va a ayudar a generar más ingresos.

Por eso Juaniquito, se quedará tirando latas de aceite del almacén a un camión en La Manicera y ganando algunos siete mil y alguito quincenal, durante toda su vida si se lo permiten. Pero hay que ser optimistas, cuando viene a ver por ser viejo en eso lo ascienden, y puede pasar dentro de siete años a ser el que apara la lata dentro del camión, no más de ahí. Mientras que Bonifacio ahora arma inversores y Bonifacia hace repostería, y sus ganancias individuales junto con lo del empleo, les hace entre 25k a 30k a cada uno por mes.

Los señores Bonifacio y Bonifacia, en el mejor de los casos, son a los que los unió una decisión, en lugar de un bebé. sin ánimos de criticar a aquellas parejas que procrean jóvenes y se casan o mudan a raíz de esto. Sino que, para ser realistas, será mucho más difícil progresar, aunque se pueda sobrevivir con un hijo por criar.

Ya no estamos en los 80's ni en los 90's, ahora la canasta básica para una pareja con un hijo, suponiendo que sea sano y sin intolerancia a la lactosa, no ronda en menos que unos cuarenta mil a cincuenta y cinco mil pesos al mes. Eso sin darse gustos, sin salirse de rutina y sin enfermarse nadie.

Observemos a los europeos, quienes son en lo personal y en lo financiero mucho más maduros que nosotros. Primero, viven su vida conyugal a plenitud y no tienen ninguna prisa por empezar a tener sus hijos. Por eso cuando estos hijos vienen, sus padres tienen su base económica más desarrollada y también disfrutaron sus andanzas y quemaron sus etapas.

Benditos aquellos que mientras trabajan tienen a quien les sujete el bebé, que de todas formas, por consideración van a tener que darles dinero, aunque sea disque de gratis.

En Bonifacio's House, se van a arropar hasta donde la sábana les da. Por eso tendrán márgenes para ahorrar e invertir y por eso serán las personas que aunque crecieron en el barrio, terminarán sacando un apartamentico en una zona clase media. Mientras que, todo Juaniquito no se sumará más que hijos y necesidades mientras vida tenga.

También, los Juaniquito criticarán a gente como Bonifacio, con eso que desde que la gente consigue dos pesos privan en riquitos*, que se mudan en residencial y le sacan los pies a "los pobres". Dicho entre comillas porque un Juaniquito, se ha negado a sí mismo de tal manera esa posibilidad, que cree que por eso Bonifacio ahora es rico. Esto no es menos que la declaración inconsciente de parte de Juaniquito, la idea de que tener eso está fuera de su alcance y que lo estará por siempre.

También un Juaniquito se llena de odio, cuando un Bonifacio ya no lo busca ni lo llama.

Pero es que alguien como Bonifacio, repetiremos las veces que sea necesario, no está mejor que Juaniquito porque tuvo más oportunidades, ni que el dinero le cayó del cielo.

Bonifacio se superó en lo personal, por eso evolucionó algo en su persona y no le atrae el ruido ni el teteo* ni el compañerismo. Pero especialmente, se dio cuenta de que Juaniquito siempre le va a hablar de lo mismo; no hace pausa para hablar de sus problemas a ver si Bonifacio le "deja caer"* algo. Cuando no es eso, sólo puede hablar de dos cosas más; de la vida de otros y de cosas que desea. A veces la combinación de ambas, de las cosas que tiene otro, como el nuevo carro del dembowsero tal.

Bonifacio está en un nivel en lo personal, que sólo se siente cómodo cuando una conversación tiene algo que enseñarle o algo que compartir, que no tiene que ver con otras personas ni con marcas de carro o los tenis que se están usando, pero mucho menos de las quejas de alguien cuya vida no funciona porque así lo eligió.

¿A quién no le gusta la mejoría? Juaniquito quiere ver una mejoría, pero haciendo lo mismo siempre y lejos de conocer que el cambio se hace en la cabeza, no en el bolsillo ni viene con la adquisición. Bonifacio se siente bien cuando le hablan de ideas o cuando se están argumentando cosas de sano juicio.

Los Bonifacio no nacieron con más oportunidades, sólo tuvieron un enfoque diferente, quisieron algo diferente y terminaron haciendo algo diferente. Porque salir del entorno del barrio no se trata de no ser humildes y modestos, se trata de todas las vicisitudes e inseguridades que se viven dentro de muchos barrios, donde ni la educación de los lugareños, ni los atracos, ni el ruido, ni los servicios de agua y luz son algo de admirar.

También, aunque parezca increíble, el sistema nos trata según como dónde vivimos. Si se daña un transformador por Los Guaricanos[16], si no es que hacen huelga pueden durar tres días en resolverlo. Si sucede en Bellavista[17], no pasan dos horas sin que llegue una brigada a resolver el problema. Entonces todo Bonifacio se da cuenta, de que sufrir

---

16. *Sector marginado de Santo Domingo en la mayor porción de su población.*

17. *Sector situado dentro de los diez sectores más exclusivos de Santo Domingo.*

menos y tener menos malas influencias, es una base esencial del progreso.

Algunos se pudieran estar preguntando qué tiene que ver todo este tema con la chapiadora* o el inchapiable*. Pues ahora lo explicaré en contraste; La mujer que no suma a la victoria suma a la derrota, no hay puntos medios. Aparte, de que ser un inchapiable* es ser un hombre sin cadenas, alguien que no puede ser un juaniquito que se colocaría los grilletes solito.

Un Juaniquito, que todo lo quiere para hoy y que paga y gasta sin tener, sólo tuvo por compañeras a las de mentalidad de mantenidas. De esas para las cuales es normal, (porque traen ese chip desde cuando Trujillo) eso de que el hombre tiene que ser el que "resuelve". Entonces, estamos hablando de una batalla que incluso para dos juntos es difícil, ¿cuánto más no lo será si se supone que ella se acomoda y él provee?

De hecho también se da, que un Juaniquito cae en manos de una Bonifacia, con el suficiente temple para dejarse llevar por ella, o cuando menos, le entrega a ella todos (o casi todos) sus ingresos, porque ella es la que sabe de estericar* el dinero, la que sabe administrar la casa. A veces con un solo Bonifacio/a que lo maneje y un/a Juaniquito/a que se deje, puede salir una familia a flote. Siempre que el/la juaniquito/a no se convierta en peso muerto, y en su pasividad espere que bonifacio/a navegue el barco solo/a.

Pero el mejor y más común de los casos, es que un Bonifacio sólo dejó entrar a su espacio, a una mujer que al igual que él no se cansa de todos los días pensar en cómo mejorar; tomar cursos, inventar negocitos, que también lee sobre superación personal y su inteligencia emocional crece.

Porque saben que la mediocridad no es otra cosa que el no trascender jamás lo ya aprendido.

A un Juaniquito le basta con saber que no debe cruzar la calle con los ojos cerrados y que no es buena idea comer veneno. Eso, sumar, restar, calibrar* un motor o invertir en un musicón, y echarse todo su tiempo libre en Netflix, es todo y lo único que Juaniquito entiende que necesita saber.

Los Bonifacio aprenden, que todas las cosas que controlan al hombre, mientras que el hombre cree que las controla, se llaman vicios. Por eso, aunque Bonifacio también tiene lujuria y le gustan las mujeres; él sabe que tiene mucho qué perder en la valiosa mujer que lo acompaña, si decidiera someterse a sus impulsos, y eso lo mantiene firme. Además, de la misma manera en que el deporte aleja a los jóvenes de las drogas; para alguien como Bonifacio el día también tiene veinticuatro horas, pero él duerme ocho o menos, tiene un empleo de ocho horas, mas la hora que le toma ir y la de volver a casa. Así le quedan seis horas a su día. Dentro de esas seis horas, Bonifacio es el tipo que; pasa tiempo con su familia, lee un libro, ve instrucciones sobre algo que aprender en tutoriales, arma un inversor si tiene encargos, hace una hora de ejercicios. Cosas y cosas por las que es una persona que vive apegada al crecimiento y por lo que se mantiene menos propenso a alimentar las bajas pasiones. Por eso dice un viejo dicho que mente ociosa es taller del diablo.

No hay un vicio más adictivo para Juaniquito que la calle, las nalgas nuevas y la aprobación de gente a las que no hay nada por lo que se les pueda admirar. Y todavía la gente se pregunta, por qué razón mientras más pobre es el hombre más preña y la mujer más se preña. La respuesta es clara, la gente demasiado básica vive una vida mucho más instintiva, léase; comer, dormir, beber, tener sexo, trabajar, cobrar y repetir. Si sólo tienen estas cosas por hacer en todo un día, sin nada por aprender ni construir, con razón tienen más tiempo para más sexo. Pero me pregunto aun así, si es por falta de condones o de no saber hacer su "diligencia" afuera. Aunque sospecho que puede aportar el síndrome del protagonismo que tienen las mentes más pequeñas. Ese mismo que les hace entender que todo les sucederá a los demás, pero no a ellos. Todos los protagonistas suponen, por ejemplo, que los que se mataron manejando motores como locos o echando carreras es porque eran palomos*, pero ellos no. Con una sola vez que les toca reventarse es con la que se enteran de que no eran protagonistas (si es que sobreviven). Esa misma pudiera ser la idea protagonista de que la tipa no va a quedar embarazada, y que si queda embarazada es porque Dios así lo quiso. Ah… tampoco falta un lema de las mentes más pobres, que reza: "Ellos se crían como quiera".

Los gastos de Bonifacio, posiblemente van a ser turismo interno o visitar otras ciudades del mundo, o muchísimas otras formas de recreación adulta más allá de gastar en aros, sacar un yipetón aunque vaya ajorcao* con las cuotas, o en la nueva tendencia de irse en coro a vivir una semana de prostitución a Medellín. Hacer la misma vaina que harían aquí ni siquiera debería contar como viaje. Es como montar al cuerpo en un avión y dejar el cerebro en el mismo sitio.

Suelen decir que viajar "abre la mente". Lo que sucede es que, al ver culturas, conductas y corrientes de pensamientos de alguna manera más sofisticadas, esto equivale en riqueza cultural. Por ejemplo, nadie va a odiar más a un conductor imprudente que el que duró un mes en USA y vio cómo se conduce donde vive la gente con mentalidad de primer mundo. Entonces, es muy probable que el que vino de donde predomina la prudencia, note que aquí la imprudencia es mucha con demasiada, y tal vez por eso esté menos presto a ejercer la imprudencia. Esto, por sí solo ya es un aporte cultural que esa persona recibió, el cual también posiblemente aportará replicando dicho ejemplo de conducta aquí. Este modelo de persona está mucho más abierta a progresar, pero las personas tipo Juaniquito sólo notan el resultado visible; la cosecha posterior, las cosas, los viajes, el dinero. No ven la siembra; que leen libros, que se hacen de mejores modelos a seguir, que hacen cursos, que refinan sus círculos de amistades, pero especialmente, que aprenden la diferencia entre trabajar y trabajar de manera inteligente.

Pero tampoco faltan los juaniquitos de otro nivel más arriba, que son los clase media que se sienten ricos. Muchas veces tendrán un buen vehículo, un pistolón, y muchas cositas chulas como comprador compulsivo de Amazon. Pero vive alquilao', para colmo en un apartamento chulo y céntrico, de algunos 25,000 a 30,000 pesos al mes. Vendrían siendo una pareja "rico-pobre", ya que no ganan mal en sus trabajitos, pero el dinero les da para vivir, aunque no con holgura.

No hay ni puede haber una base de ahorros porque nada más con la renta van cojeando y el consumismo les hizo pensar que necesitaban sacar vehículos de 1.5 y a 2 millones de pesos, algo así como por las "facilidades", porque ella o él es un gerentico en un banco. Olvidando que los trabajos son prestados y que los accidentes existen.

Son bastante comunes los rico-pobres, los que priorizaron las cosas visibles que les darían *status*, pero no sus bases. Algunos de estos llegan un poco más lejos y sacan su propio apartamento. Por desgracia, no son pocos los que tienen que ver lo que pasa en caso de divorcio, o en caso de uno de los dos perder el trabajo. Aquello resulta irremediablemente en tener que vender el apartamento, mejor dicho, traspasar la deuda, porque uno solo de los dos no podría con la carga de las cuotas mensuales.

EL INCHAPIABLE

Repito que este no es un libro de educación financiera. Entonces, si se preguntan para qué diablos hablo entonces de eso aquí, la respuesta es simple; Porque manejar mal el dinero es sólo un síntoma de manejar mal nuestras ideas, energías y prioridades. Porque pulir nuestro manejo y por ende los resultados, ser cada día una versión más cerca de la que queremos; esto es parte de ser un hombre, un alma libre, un rebelde, un macho alfa, un inchapiable.

El hombre debe aprender el arte de enfocarse en sí mismo y prácticamente renunciar a la gente y a la sugestión social. Porque su productividad será la base de sus planes de vida y el seguro para su vejez.

Para un hombre construir algo que no heredó, debe hacer un juramento que es muy parecido al sacerdocio, porque debe renunciar hasta a sus propias pasiones para lograrlo. Por lo menos el sacerdocio supone ser un juramento de por vida, este no.

Amigo de letras; cuando te haces celoso con tu progreso y con tu espacio, serás incluso a mayor o menor medida solitario, porque no aceptarás cerca de ti a nadie que no venga por afinidad o cuya amistad o relación corra en cuentas iguales. Lo que te juro es que por más buena que quiera estar una tipa no te vas a hacer chapiar, ni tiempo, ni energía, ni dinero, porque vas a saber ver eso desde otro ángulo.

Si aprendes a ser; aunque la tipa se esté rajando de buena, si su mente y su ser vibran bajo, la verás con cierto detrimento. Reconocerás que impresiona, pero nada más… y si un día literalmente te desesperas por sexo, sabrás que es mucho más barato y funcional por catálogo, aunque mi persona nunca recomendaría nada que se pueda volver vicio.

También, cuando seas esta clase de hombre, y decidas tener compañía, vas a aprender a caer en menos frustraciones, de esas que con facilidad nos llevan las damas con sus juegos psicológicos de encarecer su atención, en eso son especialistas, aun cuando les resultamos interesantes. Pero no serás alpiste de su ego.

Cuando eres un tipo que te bastas, no sólo porque manejas bien tus ingresos, sino también tus emociones y energía, porque ahora tienes una psiquis fuerte, nunca te verás tentado a volver a hablarle a la tipa que te dejó en visto. De hecho, sabrás cogértelo a chercha, no te lo tomas personal, nunca se lo reclamas porque con eso mejor te libró de una posición que no te mereces. Porque ahora te valoras, porque sabes que tienes fuerzas para construir castillos y que los construirías para ti. No para impresionar damas que vendrían sin nada y saldrían con todo.

Aprendí hace tiempo algunas cosas por tirar dinero hacia arriba, incluso me dejé chapiar estando consciente, pero sin entregar mi confianza, ni más de lo que pudiera dar sin que me afectara. Sólo para apostar con mi intuición que esta no miente. Pienso que es mejor a tiempo, o incluso tarde, que nunca.

Aun sin necesidad de ser Robert Kiyosaki, entendí que la fórmula que más me gusta para aspirar a la realización económica es tener pluri-entradas de tres tiempos; corto, mediano y largo plazo. De corto plazo pudiera hablarse del conocido menudeo* que genera diario e interdiario. Por ejemplo, inventar y vender cositas como dulces o bizcochitos a colmados. Por "poco" que parezca; primero, es muy bueno cubrir gastos diarios sin tocar el sueldo. Segundo, todo en la vida sólo es poco si no aprendes ni buscas la manera de expandirte, es decir, si toda tu vida vendes en cinco lugares en lugar de buscar la manera de llegar a cincuenta.

De mediano plazo es el típico empleo o algún asunto un poco más independiente como lo que hago, que es de Personal Trainer. Esto asegura cosas como las compras, gastos de la casa y combustible, hasta ahorrar dependiendo.

De largo plazo viene siendo algo donde pondrías el dinero a funcionar sin esperar la ganancia para comértela, sino para reinvertirla y que el negocio se alimente a sí mismo.

Por ejemplo, me gusta invertir en agricultura, porque la tierra es muy agradecida si trabajas con inteligencia. Puede generar en un mal caso un 50% de ganancia neta. Los que saben, saben que me estoy yendo bien bajito.

LA INTEGRIDAD DEL HOMBRE

Antes de entrar en el corazón de este tema, plantearé una pregunta que para algunos será simple de contestar. ¿Qué es más real, el disparo de un arma y el daño colateral causado por el mismo, o el pensamiento e intención de quien agarró el arma?

Sé que me estoy yendo tal vez demasiado ontológico para un libro del que se espera chapeo, antichapeo y toda esa chercha, pero es preciso puntualizarlo.

Me parecería escuchar; "obvio que el disparo, porque le hizo daño a algo o a alguien".

¿Y si te dijera que ambos son igual de reales? Sé que suena loco, pero vamos a pensar si lo segundo (el disparo) existiría sin lo primero (la intención).

¿¡Pero será que Hugo es loco!? ¿Cómo va a ser que la intención es igual de real? ¿Y todas las intenciones que no se han llevado a cabo por ejemplo?

Bien, vamos a explicarlo. Decir que la pistola y el disparo son más reales que la intención, sólo porque son tangibles, es igual a decir que la creación es más real que el creador.

La pistola es un producto o creación, que fue creada por una intención, o una variante de intenciones. Esa intención utilizó el ingenio de la mente y materiales para la fabricación de la pistola. Un hombre fue a la armería a comprar la pistola con una intención, que tal vez él mismo ni muy claro la tenía, puede que sólo tenga claro que eso lo haga sentir protegido o tal vez poderoso, es válido contar sólo eso como su intención, sentirse por ejemplo poderoso.

Ahora que se ha entendido algo tan fundamental, explicamos qué es la integridad del hombre. La etimología de la palabra "integridad" es un adjetivo proveniente del latín, "integer", que significa "intacto" o "puro". Esto, tratándose del hombre, señala su aspecto no corrompido. ¿A qué me refiero con corrompido o corromper?

Cualquier persona, incluso un programa de software que ha sido reprogramado para hacer cosas que no deberían ser o dañan a los demás o a sí mismo, es una persona o un archivo corrompido. De aquí también sale la palabra "corrupción". Pero, como dicen, todo el mundo nace bueno. (puro)

¿Qué tiene que ver todo lo explicado en el párrafo anterior con esto? Sencillo, todo aquello que pensamos y sentimos es lo que somos, y lo que somos es lo que engendra nuestros hechos, así como nuestros hechos son un resultado, también constituyen causas que generan efectos (resultados).

Eso que hicieras, si el mundo te diera permiso por un día completo y si desaparecieran todas las consecuencias, eso que harías si desapareciera la cárcel, el infierno y cualquier consecuencia… esa intención; eso es lo que eres, esa es tu energía. Por eso digo que querer ser malo es más de la mitad de serlo. Por eso la biblia habla sobre codiciar la mujer de tu prójimo, que es una intención y aún no un hecho.

Muchas de nuestras intenciones, no son llevadas a cabo por falta de alcance o por temor a las consecuencias. En el mejor de los casos, por algo con lo que todos nacimos, pero a lo que mucho hemos renunciado; esto se llama conciencia. Entonces, una persona con más conciencia es una persona más íntegra, más pura.

Lo lamentable es que en este sistema y este mundo actual, hemos obligado a cerrar sus alas a las personas más puras, por el exagerado nivel de corrupción y degeneración.

DEGENERACION
(Las puertas del infierno)

¿Por qué he elegido un tema como el chapeo para dar esta clase de mensaje? Me explico en una palabra; degeneración. Porque la conducta sexual de una sociedad es el termómetro más perfecto para medir su nivel de degeneración.

¿Por qué el sexo? Por ser el placer más adictivo y alrededor del cual gravitan la mayoría de nuestras intenciones y acciones. Los que no usan drogas no pueden decir que no conocen la adicción, claro que la conocen. Incluso un eunuco la conocería de otras formas en que su glándula suprarrenal secrete adrenalina o la glándula pituitaria le dé un *shot* de dopamina.

¿Qué sucede con el vicio del placer sexual? Lo que sucede con cualquier vicio, y es que no todo el mundo está listo para los placeres sin orden ni límites. Voy a poner un ejemplo mientras, que no tiene que ver con el sexo, para que respiren un minuto los que creen que estoy atacando algo muy sensible.

La razón por la que a los niños, especialmente a los hiperactivos, cualquier psicólogo sugiere controlarles las horas de videojuegos es; porque mientras el niño juega su cerebro le está dando *shots* de placer en forma de dopamina.

Aunque esta hormona del placer es creada por el cuerpo, a un niño o preadolescente no se le puede exigir demasiado el autocontrol, donde ni la intensidad ni la frecuencia son buenas.

Esto del juego es tan adictivo, como lo es controlar cualquier cosa y como lo es ganar. El niño se hace adicto a mayor o menor medida, porque todo lo que nos controla, mientras pensamos que lo controlamos nosotros, es un vicio.

Como un adulto con cualquier droga, fíjense lo irritable que puede ponerse un chico, ya sea cuando pierde o peor aun, cuando no lo dejan jugar. Puedes llegar a no reconocer a ese demonio de la ira en tu propio hijo. El niño que nunca había robado llega a robar si es que paga por jugar en un videoclub. La otra cara de la moneda del placer es la abstinencia, que significa ansiedad y depresión si no se están recibiendo los acostumbrados *shots* del placer. Poner al muchacho a hacer cualquier otra cosa que no sea su vicio del videojuego, lo tomará con apatía y aburrimiento. Es literalmente lo mismo que quitarle la cocaína de golpe y porrazo a un tecato*.

Como cualquier adulto con un vicio de drogas, al niño o adolescente deja de importarle las cosas que le eran importantes. Por ejemplo, hacer sus tareas por el premio de la aprobación de papá y mamá. Ahora a su cerebro le resulta mucho mayor la recompensa de pasar una misión de GTA. Así que el premio de la aprobación en casa pasa a un segundo plano. Le importa, no es que no, pero porque de ahí sale el dinero para ir al videoclub o el permiso de jugar si es en la casa.

Como todo vicio, este irá trayendo, especialmente con la pubertad, una crisis de conducta y el primer "vete al diablo" tan hiriente del hijo a la madre, al mismo tiempo que aprenden a pulir por necesidad el arte de la manipulación.

La idea explicando esto, es dejar claro que no todo el mundo está preparado para el placer sin límites, no sólo refiriéndome a niños. Ahora es el momento de darle el mejor uso a la palabra degeneración. Si le digo las puertas de infierno es porque ciertamente la degeneración lo es; trae el infierno a la tierra. No es por rubios ni por morenos que por ejemplo Suecia está como está y Haití está como está y que nosotros no estamos nada lejos de seguirlos; es por la diferencia en los niveles de conciencia individual y colectiva. Los países de primer mundo saben cómo colapsa un sistema, y que eso empieza permitiendo que una manzana podrida dañe a las demás, por eso la corrupción tendría un límite, porque no les interesa que sus sistemas colapsen.

La base de la generación es el sexo, entonces nuestros hijos o siguientes generaciones pueden surgir con una de dos condiciones; regeneración o degeneración.

- **Generación:** Es cuando generamos seres y hasta objetos u obras que continúan lo que somos y hacemos, es decir cuando se mantiene y sigue sofisticándose una manera de vivir, pensar y actuar, donde como colectivo, en lugar de dañarnos avanzamos juntos.
- **Regeneración:** Cuando algo se ha dañado en el colectivo humano, pero, a través de las crisis el ser humano encuentra la manera de trascender. Siendo así, como sanamos las decadencias y los patrones que nos habrían llevado a un abismo. Ya sea que nos estemos refiriendo al colectivo o a un individuo.
- **Degeneración:** Que es exactamente donde estamos como colectivo. No es difícil medir el nivel de

degeneración en una sociedad, sólo hay que comparar algunas cosas:

Comparemos a un hombre de hoy con un hombre hace no tanto, algunos 50 a 70 años atrás. Nuestros abuelos y bisabuelos ya eran hombres y se encargaban de tierras y de todos los asuntos de su padre, o dominaba un oficio antes de los dieciocho. ¿Cuán ubicada estaba la gente? A pesar de sólo haber un periódico y de no haber internet, la gente conocía los detalles de su historia. Conocían el nombre y periodo de cada presidente y todo lo que sucedía en el contexto político. Ahora no saben ni que se celebra el 6 de noviembre ni lo que significa.

Ahora tenemos cientos de redes sociales e internet y en lugar de estar mejor informados, lo único que nadie desconoce son los chismes de la farándula y cuándo toca feriado para no trabajar. Yéndonos más atrás, alguien como Juan Pablo Duarte[18], logró lo que logró (que no fue poco) a sus 31 años. Sólo pongámonos a ver qué carajos está haciendo el hombre dominicano promedio de 30 años en la actualidad.

Hace no tanto, en el 1965, por algo que fue un chiste comparado con las cosas que hoy le soportamos a los políticos, los dominicanos tomaron las armas e hicieron temblar al gobierno de facto. Pero ahora hacemos memes burlándonos de nosotros mismos, ya que la burla de la corrupción del sistema no parece suficiente.

---

18. Juan Pablo Duarte y Diez. *26 de enero de 1813 - 15 de julio de 1876. Masón, militar, político, empresario, poeta y diplomático dominicano que tuvo una gran influencia en la primera fase de la independencia Dominicana al frente de la facción de los duartistas. Es el principal padre de la patria dominicana, al lado de* Francisco del Rosario Sánchez y Ramón Matías Mella.

Sé muy bien que desde la perspectiva de un charlatán parece alarmista y exagerado señalar el flagelo de los vicios que acarrea la degeneración, pero es evidente que es la única razón por la que cayó en la deuda pública el imperio más poderoso que existió en la tierra; el Imperio Romano. Porque lo peor de uno o varios vicios, es que logran que lo importante deje de importarnos. ¿Es mentira? El emperador Calígula dejó ir al carajo todo lo que costó tanta sangre, esfuerzo y planificación por tan sólo mantener sus vicios escandalosos. Dejó de importarle Roma, excepto por lo que podía obtener de esta.

¿Qué caracteriza a todo yonqui que no querríamos ser? El hecho de que dejó de importarle todo, hasta el punto en que también su propia imagen, su higiene y su vergüenza.

Estamos atados de vicios de pies y manos, opcionales y más sutiles, por lo cual no parece ser. Estos, por sutiles que parezcan, de igual forma logran que lo realmente importante se pierda de vista.

No llegamos hasta aquí solos, sino "ayudados", no es casualidad que ahora seamos flojos, consumistas y gallos locos. Esto puede sonar algo conspirativo aun para mi gusto, y es algo llamado "ingeniería social". A los que mueven las fichas por nosotros y se enriquecen a fuerza de empobrecernos, les conviene que seamos una manada de idiotas y dormidos, cosa que les estamos poniendo fácil. Así, todo lo que ellos quieren hacer lo terminarán haciendo sobre nuestra voluntad anulada, sin la más mínima resistencia, mientras fumamos hooka, opinamos por redes sociales y esperamos que alguien salga a resolver nuestros problemas, mientras pagamos nuestro aburrimiento por desmotivación con los demás.

Vamos a llamarle farmacéuticamente a lo que nos están dando a través de la ingeniería social para idiotizarnos "la pastilla de idiotilina", aunque en verdad no las están metiendo hasta en supositorios. La pastilla de idiotilina fue creada en el laboratorio social de los verdaderos gobernantes de este país, que no están aquí dentro, aunque a los de aquí también les conviene. Esta pastilla está compuesta por; consumismo, individualismo, miedo, negligencia, idiotas a emular, entre otras cosas que explicaré mejor en mi próximo libro, "El Antichopo".

La degeneración tiene como perfecto precursor a la locura del placer sin límites; recordemos el ejemplo dado sobre qué pasaría si nos dejaran manifestar nuestras intenciones sin ninguna consecuencia… eso sí, lo que deberíamos pensar es que en esa regla los demás también lo harán, así que recemos para que alguien más no imprima su intención sobre nosotros sin consecuencias.

En definitiva, si nuestra conciencia no está en orden no podría pasar nada bueno con esa libertad, y menos si antes han puesto los elementos para corromper y deseducar a la sociedad. Donde vamos con esto, y aunque de entrada no lo crean; es que está ocurriendo ahora mismo.

Si… tenemos libertades sin consecuencias para las que muchos no están preparados. Claro está, lo que pasa es que es libertad en jaulas individuales, no en una en conjunto. Es una libertad en que cada individuo sólo se puede atrasar y joderse a sí mismo. Aunque a la larga eso no nos conviene a ninguno, y también nos retrasará como colectivo.

Lo que alguien haga con su paquete de internet está a su entera voluntad, incluso mentarle la madre al presidente desde una cuenta falsa, o desde la propia. Mientras que sólo el 3% usa esa misma herramienta para aprender un oficio así sea por Youtube, el resto, incluso en el trabajo donde lo que menos quieren es trabajar, están pendiente de

*Alofoke Radio, porque no se pueden perder lo del cuerno que fulanito le pegó a perenceja.

Para los que consideren que vivir pendiente de la vida ajena es un "vicio sano", cualquier psicólogo le diría que lo que se hace todo el tiempo, sin fecha ni horario ni cansancio y que interfiere dentro de los que haceres básicos; es vicio y casi locura.

El vicio de brechar* todo lo que el algoritmo nos pone por delante, porque sabe qué es lo que nos gusta; es como un tipo de ansiolítico que incrementará la ansiedad el mínimo tiempo que no se tenga. Por eso vamos a ver mucha gente que hasta comiendo y ya en cama, se la pasan dándole hacia arriba a las nuevas publicaciones en Instagram y Facebook. Totalmente ausentes de sus vidas, sin construir nada. Entonces, las pocas acciones en el día de una persona influenciada por personas que no hacen nada, se reducen a ser la mitad de nada, o al menos nada de importancia.

Los que no están preparados para la libertad sin límites, tal como el niño que abusa del juego, no hacen más que sepultarse a diario, sin darse cuenta. Porque no sólo hay vicio de drogas y de videojuegos. No existe vicio más pendejo y mentalmente enano, que el vicio de la información chatarra y la absorción de la chopería que se adhiere a esta. El vicio del chisme digital no es otra cosa que alguien sentarse a olvidar su propia vida para escuchar y hacer un juicio sobre la de los demás. Este me parece uno de los vicios más bajos y más difícil de dejar. Puedo apostar que es más fácil ser alcohólico anónimo que lleva-vidas anónimo. Y esta es una libertad individual sin consecuencias tangibles para su consumidor. Pero sí tendrá como consecuencia su tiempo perdido y el "encogimiento" gradual de su mente.

No, no es en sentido figurado; un cerebro que ni lee ni aprende nada nuevo tiene degradación neuronal constante, explicado por el especialista en neurociencia Joe Dispenza[19].

Ya el sistema ni siquiera necesita crear una falsa noticia para desviar nuestra atención, ya nos volvieron lo suficientemente estúpidos como para que volteemos a mirar que Yailin[20] y Tekashi[21] estaban peleando, cuando nos viene un maremoto con una ola de un kilómetro de altura detrás.

Resulta interesante darse cuenta de que el mismo perfil de persona que no está lista para la libertad sin consecuencias, son las mismas que necesitarán ser empleados de alguien toda su vida y nunca podrían emprender en algo. ¿Por qué? Porque en un empleo, si no se llega a tiempo o si se falta con frecuencia, así mismo viene la cancelación.

Esta clase de personas necesitan la presión de alguien que les administre consecuencias si no se apegan a un horario y rutina. Sin embargo, sin un empleo, para emprender se necesita algo que a estos les faltaría, o mejor dicho, les perjudica algo que les sobra, y esto sería libertad.

Imaginen que intenta emprender, alguien que en su trabajo siempre está con ganas de todo menos de trabajar, en lugar de pensar en cómo optimizar su trabajo. Mordiendo las horas, loco porque den la 5:00PM para irse y escapando del trabajo dentro de su tiempo de trabajo. Hay una gran diferencia entre el que ejerce una labor pensando en ser

---

19. Joe Dispenza. *Famoso conferencista internacional, Doctor en quiropráctica y escritor estadounidense. Con méritos basados en importantes descubrimientos en neurociencia, epigenética y física cuántica.*

20. Mujer exponente del Reguetón.

21. Hombre exponente del Reguetón.

eficiente en lo que hace, y el que está ahí haciendo lo que es básicamente obligatorio pensando en cobrar la quincena. Está demostrado que las horas de más alto flujo de reproducciones en redes sociales, es dentro del horario laboral. Mucha gente pendiente a las reproducciones del video de un dembowsero y los "consejos" de una disque comunicadora, que es tan bruta, que si le dan a manejar un restaurante lo choca.

Esto, señores… no es otra cosa que degeneración. Y a los que no les parece grave les invito a leer sobre el emperador Calígula, quien tan sólo con degeneración; logró literalmente quebrar nada menos que el poderosísimo Imperio Romano. ¿Qué tiene que ver que fuera degenerado y sólo pensara en sexo y orgías? Que en su libertad sin consecuencias llena de vicios, ocurrió como con todo vicio, y es que todo lo que no sea alimentar el vicio deja de importarle un carajo al que lo padece.

Cuando aceptemos que los hábitos nada saludables para la conciencia y que nada aportan no son más que vicios, tal vez el cuento empiece a cambiar.

Esto es en parte por lo que nuestro país va en picada, porque no son suizos, nacieron y se criaron aquí. Los políticos que deciden por nosotros son Calígulas que les importa nada que el país se hunda, mientras ellos en lo personal tienen lo que quieren, construyen su barco y nos dejarán a nosotros las tablitas.

Volvemos a una palabra que usamos antes, y es "integridad". Es fácil venderla cuando hay inconsciencia. El inconsciente, tan inconsciente está, que no se da cuenta que aunque gane dinero en el hecho, está dañando el mismo ambiente bajo el que vivirán sus hijos y sus nietos. El inconsciente no alcanza a pensar, que él no será eterno en el poder ni en la vida como para encerrarlos por siempre en una burbuja, donde la asquerosidad que su misma corrupción ha creado no los infecte.

Esta misma inconsciencia, nos desató un apocalipsis sociocultural, al permitir que la música basura se convierta en el género dominante. Y parece mucha coincidencia que todo lo que la ley aprueba, con ligeras excepciones, lo que hace es joder al que intenta hacer las cosas bien y amparar al dañino. Esto alcanza para atreverse a pensar, que están haciendo una granja para que se críen los pensamientos y emociones más peligrosas. Para crear un ambiente nacional donde la impotencia nos conduzca a la predisposición, a un aburrimiento eterno, y a la mala fe. No es casualidad, que cada vez es más común ver a la gente matándose por absolutamente nada, insultándose hasta por el color de una piedra en los comentarios de Instagram y cada día somos más perros en las calles conduciendo. Pero prefiero seguir desarrollando este contexto en mi siguiente libro. Lo cierto son dos cosas; quien no conoce la historia está condenado a repetirla, al igual que no es sólo culpa de los gobiernos, pues un país tiene el gobierno que se merece.

MI MENSAJE A LAS MUJERES

Mujer, eres la causa de las maravillas que hicieron los hombres, ¡para alzar sus nombres en pos de ti!

Eres la rueda sobre la que giró toda evolución, ¡pues tu refugio nos dio una razón para salir a crear la historia!

El hombre te acogió para cuidarte, ¡mas tú cuidaste de él!

El egoísmo del hombre no soportó tu gran luz y trabajó miles de años para opacarte. Pero tú te levantaste, de la misma manera que nadie puede evitar que se levante el sol al romper el alba. Ahora tenemos que reconocer tu poder y tu resiliencia.

¿Sabes por qué existe una Secretaría de Estado de la Mujer y no una del hombre?

Porque incluso los gobiernos, saben que estamos en sus manos. Saben que no hay una figura más influyente para incidir en la decisión del hombre que tú y quieren tu simpatía para que influyas en su voto.

Eres poderosa, eres de rápido pensamiento, puedes hacer tres cosas bien a la vez.

Te recuerdo todo esto, porque sé que lo has olvidado. Alguna vez te confundiste, y como todos, pudiste perderte. Confundiste lo común con lo normal y el placer con la felicidad. Pero, ¿quién puede culparte si aún estas de fiesta celebrando tu libertad?

Te juro, que no necesitas que un hombre te humille para lograr lo que quieres, porque de ser así te alzarás… pero bajo la sombra de su talón.

Ten cuidado, amada mía; la impotencia, la desilusión y el egoísmo son peligrosos. Aquel que llegue a creer que le perteneces, se siente poderoso y adueñado de ti, por eso está ilusionado… y quebrarle esa ilusión es peligroso. No lo digo yo, lo han dicho los obituarios y los periódicos.

MI MENSAJE A LOS HOMBRES

Hombre, mi estimado compañero de género. Eres como el árbol; crecerás según sean fuertes y profundas tus raíces, así como mientras más firme busques la luz.

De ti vienen las semillas que traen una nueva era de frutos.

Has olvidado tu lugar, sirviendo a cosas mucho más pequeñas que tú.

Si otras plantas crecen de ti perderás tu fuerza. La mujer es la tierra que te sostiene, y es la tierra quien decidiría si creces próspero.

Los parásitos son las creencias que vienen a dañar tu imponente existencia. Si las aceptas, crecerán en ti, le darás vida de tu vida y tus frutos son fruto de tus fuerzas.

Tu bendición siempre ha sido, poderoso hombre, que siempre has puesto la primera piedra, luego se hace el camino. Por eso te digo ¡levántate! Y sé eso que querrías dejar para tus hijos en el campo de la vida. Si normalizas la creencia de que necesitas las cosas que te hicieron creer los parásitos para atraer a la mujer; vas a crear un mundo donde tus hijos no serán mirados por sus valores, por sus raíces ni por aquello de lo que es capaz, sino por como lo pueden talar. En un mundo donde sólo lo acompañarían en la risa y lo abandonarían en la enfermedad y la desgracia. Del otro lado, hay un mundo donde tus hijos serán respetados y valorados si tú te respetas y te valoras primero. En tus manos está si la historia a partir de hoy girará hacia la derecha o si girará hacia la izquierda.

MI MENSAJE A LA SOCIEDAD EN GENERAL

Inmolación innecesaria tiñe los cimientos de lo que es mucho más que quintales de tierra; nuestra isla. Eclipsada la luz de quieres orquestan su rumbo; la gente.

Pero la gente impotente y arrancada de sus facultades.

La fuerza es el derecho natural de las bestias, el intelecto es el derecho natural del hombre. Pero existe un escenario donde nos hicieron pensar que somos muchos individuos y no un pueblo. También nos dieron un veneno que nos arrebató aquello con lo que siempre hemos vencido a las bestias, esto es el pensamiento y lo pensante. Una fuerza que hasta los dioses de la mitología griega temían y respetaban, y que en último lugar, sólo querrían no ser olvidados por los hombres. *"Homo nosce te ipsum"*. Conócete a ti mismo y contempla el poder que hay en tus manos y detrás de tu frente, donde mismo querría sellarte la bestia (tus acciones y pensamientos). No eres hijo de la ignominia, sino de la grandeza. Porque incluso, quien puede servir a aquellos que necesitan sentirse grandes, son los verdaderamente grandes, por su facultad de brindar la grandeza. El satanás del sistema no viene feo, desagradable ni con cuernos; viene con ignorancia y con todo lo que nos gusta, para que olvidemos aquello que debemos y nos esclavicemos ante aquello que deseamos.

MI MENSAJE AL SATANÁS DEL SISTEMA

¡Te conozco satanás! Aunque cambiaste los cuernos por una linda corbata.

Entraste en la piel de alguien que vendió su dignidad por monedas de plata; las que no valdrán nada para sus hijos, después que convierta en un infierno lo que era un edén.

Eres el adversario, por eso tu nombre, aunque lograste engañar a las naciones y que creyéramos que eres el aliado. Estoy seguro de que me lees desde muchos de tus rostros. Sólo quiero decirte que por si lo olvidaste, todo lo agonista crece a la par de su antagonista. La oscuridad que traes nos recuerda nuestra necesidad de buscar la luz, lo cual, nos termina empujando hacia la luz… tan sólo es cuestión de tiempo.

Crees que venciste, pero tienes poco tiempo, por eso es que viniste con furia, con un hambre de tener y tomar que entre más tienes menos se te quita, y exactamente ese que crees que es tu poder será tu dolor. Olvidaste que a cambio te hicieron mortal cuando descendiste, por eso olvidaste que a la esquina está la muerte y también todo lo que sucederá luego con el daño que hiciste y hacia dónde serás arrojado. No importa en qué creas desde tu mortal ignorancia, si en el infierno o en el karma que puedes pagar en otras vidas. También si crees que sólo se apaga la luz; no importa, el sol no dejará de salir mañana tan sólo porque creas que no saldrá. Nadie abandona la tierra sin pagar el daño hecho en la tierra, lo crea o no, o aunque lo pague cuando no tenga idea.

ACLARACIONES

Tras compartir el borrador con algunos amigos, me di cuenta que es buena idea hacer este apartado de preguntas y respuestas sobre todo lo leído en este libro. No fue nada más laborioso que una tarde de tacos y vino.

Para no desgastar esfuerzos en nombres, simplemente mis amigos serán "P" de público, ya que hacen preguntas que podría ocurrírsele al público en general.

P –Creo que tengo la pregunta que cualquiera se haría. Veo que te concentras mucho en los problemas sociales y el chopo, pero el libro se llama Manual del Inchapiable. Al final, ¿cómo conecta una cosa con la otra?

H –Sí, a pesar de que llego a advertirlo dentro del mismo contenido, te recuerdo algo en lo que insisto, chapear o que te chapeen es sólo un síntoma. Pero uno que conoce todo el mundo, así que puedo tirar de ese hilo para desarrollar todo lo demás.

Claramente hablo de problemas sociales que pocos ven como problemas. Es decir, que entiendo si algunas personas no pueden darse cuenta de cómo una cosa sí tiene que ver al final con la otra.

P –¿Por ejemplo?

H –La pobreza cultural es la madre de la ignorancia, así como la ignorancia es la madre de toda involución social. Entonces la chapiadora*, la música basura, y toda la mala cosa que hoy se tratan como cosas "normales"; no son más que "los hijitos" de una descomposición y pobreza cultural que van hacia un extremo en que nos igualaremos a Haití, omitiendo el hecho de que ya estamos fusionados, sólo que sin hacerse oficial. Entonces, ser un inchapiable no es otra cosa que no ser uno más del montón.

Cuando sabemos a qué nos enfrentamos es menos difícil enfrentarlo. Para aclarar a qué nos enfrentamos, entonces hay que explicarlo desde las raíces, desde los bisabuelos del fenómeno. Es idéntico a la manera en que para sanar traumas, mucha gente tiene que investigar el origen del trauma y hasta sanar su árbol genealógico.

P –Veo que atacas a la clase política como si fuera lo que más te encojonara. ¿Qué te motiva?

H –Buena pregunta, Anibal. Y eso… que me contuve lo más que pude, porque me centraré mejor en eso en "El Antichopo".

Me explico; Las malas decisiones y la indolencia cada vez más evidentes de nuestras autoridades, es algo que está demasiado relacionado con lo que se ve en más bajas esferas sociales. Tal como es arriba es abajo, tal como es abajo es arriba, así como dijo el tres veces grande, Hermes Trismegisto. Viene un fulano "de abajo" que nunca se capacitó, que no tiene una idea de lo que es la inteligencia emocional, pero sabe hacer bulla y conoce a todo el mundo. Este le mueve suficiente gente en un comité de base al candidato a la presidencia, gana su partido, lo nombran director administrativo de una institución o cualquier cargo cercano, o peor, uno que salta de vivir de los guagüeros a ser diputado, tal vez por los votos que puede comprometer y la propaganda que puede hacer con esos medios. Como sea… ahora tenemos a una persona con poder, aunque sin educación ni capacidad sentado arriba. El poder corrompe incluso a personas cultas, ¿qué no será a todo el que no está listo para él? Originalmente, desde nuestros modelos legislativos y políticos copiados de Roma; las personas que subían a tomar decisiones por el resto, eran personas con una inteligencia mayor o mucho mayor que la media, mientras que aquí y ahora lo hace gente sin inteligencia, sin capacidad y sin moral.

Un fulano que habrá salido de algún campo queriendo ser un pachá* sin saber bien ni escribir, ahora toma decisiones por nosotros, y sin ninguna conciencia se dedica al despilfarro público sin consecuencias. ¿Quieren saber por qué no tiene consecuencias? Porque los que podrían aplicársela, a menos que hayan intereses de por medio al hacerlo, están hablando exactamente el mismo idioma. No es uno solo, son cientos de chopos los que suben con hambre y con mala fe. Ellos no están en eso, subieron donde están a forrarse y no a ayudar a nadie, no suben a pensar como patria ni como colectivo, sino como individuos y sólo pueden sembrar de las semillas que tienen; incultura, indolencia y mala fé. Súmale a eso aquel lema de que ellos "guayaron la yuca" y tuvieron en "olla", por lo que les da gusto ver a los demás pasarla mal y viven la ley del "sálvese quien pueda".

Todos los historiadores saben que así es que se jode un país, primero se jode a sí mismo desde adentro, no de otra forma. Como el típico *"separare et vincere"* (separa y vence) de los romanos.

¿Por qué lo ataco? Porque por eso estamos como estamos, y por lo que somos señalados a nivel internacional como un país con un sistema mediocre. Yo amo mi país, pero no estoy orgulloso de su sistema ni de sus políticos, funcionarios, pero mucho menos su sistema de "justicia" que obligatoriamente hay que decirlo entre comillas.

Qué avanzados estamos para pensar hasta en poner fotomultas como en USA, porque les hace negocio. Pero entonces, en la edad de piedra para ponerles consecuencias a los motoristas que se les cruzan en sus propias caras, como síntoma de que se han rendido ante la anarquía de la chopería masiva. También en la edad de piedra para aceptar y graduar la mala ortografía en las universidades. También como para no filtrar la música que escucharán los jóvenes y niños. Ni decir, con una policía que no son más que mercenarios; abusan, macutean* y extorsionan a la gente buena y viven del delincuente.

Estas barbaridades que se aceptaron como normalidad suceden porque los que deberían hacer algo, no van a perder el tiempo haciendo otra cosa que no sea su dinero. ¿Mejor que eso? El mal llega hasta donde llega porque paga, sino pregúntenle a la memoria de Pablo Escobar.

P –Muy fuerte… ya ni sigas, que ya toy' encojonao'.

P –Mano, me quedé pensando en el caso Elsa. Pero, si uno se lleva de eso va a vivir el resto de la vida solo, porque todas las mujeres lo hacen.

H –Discrepo my friend. No todas las mujeres lo hacen, claro, estás hablando de una mayoría. Pero adivina por qué existe esa mayoría… te ahorro la respuesta, existe por normalización. Así como existe la mala influencia existe la buena influencia. Cada mujer que ha estado conmigo termina educándose en ese sentido, no recurre al chantaje ni a la huelga, sino a la conversación. Por eso es que dicen "la mujer hace al hombre" así como dicen "el hombre hace a la mujer". No sólo se aprende para jodernos.

Entonces sí, hay demasiadas mujeres maduras o prestas a madurar que no necesitan un secuestro para informarte si algo les incomoda, así como sus dudas.

P –Viejo, no es una pregunta, sino un comentario. Ese dato sobre lo de la diferenciación. Léase, eso de separar a la madre buena de la madre mala y esperar la salvación de la misma persona que te dejas joder… ¡loco, esa idea me volteó toooo-do mi estadio de ideas y le dio todo el sentido que le faltaba!

H –Cállate, que se me ocurre que hasta de ese conocimien-to fue que se inventaron a un Dios que diseñó un infierno y que te ama, pero que también se encojona feo.

P –¿Tú eres ateo mano?

H –No en absoluto… a lo que me resisto es a la idea de que sea el dibujo del barbú, que no es nadie más que Abraham. También a que me quieran forzar a creer eso de que tiene un pueblo elegido, que resulta ser muy conveniente para don-de escribieron todo eso en inicio. Entonces, casualmente el "pueblo elegido" ni siquiera cree en Jesús, para ellos no ha llegado un mesías y mientras tanto, ni le han mandado otro ni les ha llovido fuego. Mientras venga un pendejo a lucrarse por decirme que él es el intermediario entre Dios y yo, porque Dios le habla a él sí y a mí no… no gracias, yo paso. Adicional a eso, aunque no tengo intención de herir a ningún fanático; no voy a dejar de decir que las personas que necesitan la amenaza de un infierno para ser buena persona o fingir serlo, son las mismas personas que si le retiran las consecuencias se tragarían el mundo, tal como lo explico en el tema "La integridad del hombre".

Cada quién que crea lo que quiera, pero no que quieran forzar a los demás a creerlo así.

P –¿Es que a ti te han chapiado mucho? ¿Cómo tú tienes tanta información de cómo se mueve la vaina y describir perfiles etcétera?

H –Oh, claro. ¿A quién no lo han chapiado? Sin embargo, aunque no me lo creas, esas pocas veces pasó porque quise, no porque no me di cuenta. Es decir, yo nunca confié en esas jevas*, ni les creí su "amor", ahí está la intuición. Además, puede que crean que esto es chercha, pero yo llevaba muy bien mi cuenta de lo invertido, para asegurarme que al final me haya salido más barato que una *escort* por cada vez, en el total de "acostadas". (risas) Pero para responder mejor, todo en la vida es observación, hasta las ciencias lo son. Entonces, mucho de lo que aprendas va a depender de la calidad de tu observación.

P –Igual creo que sabes demasiadas cosas, lo digo porque en el libro no hay ni la mitad de las vainas que has sabido descifrar en todos los años que tenemos compartiendo.

H –Repito… lo más esencial se llama observación mi pana. Tú no necesitas que te agarren robando para aprender que no es buena idea robar, así que puedes aprender mucho del error y la experiencia ajena… o deberías.

Ahora bien, una clave; no aprendes nada si observas desde el juicio, en cambio mucho si observas desde la neutralidad, tal como avanzan las ciencias. Hay que distinguir entre sobre alimentar tus ideas, que es lo que hacemos cuando estamos enamorados de nuestras ideas. Es muy distinto engordar tus ideas que aprender.

Cuando miras desde el juicio, lo único que harás es corear como cotorra desde encima de un palo; "¡eso ta' bien!" o "¡eso ta' mal!". Tal como ahora es tan común insultar por las redes a todo el que diga algo contrario a tu idea, porque se supone que ya sabes todo lo bueno y todo lo malo.

Entonces en eso te pasarás la vida, sin aprender, sólo aprobando o reprobando cosas. Por eso es que en toda filosofía y corriente mística del mundo, la sabiduría está estrechamente asociada con la humildad. Si sabes que no sabes o que no sabes suficiente, aprendes. Pero si estás tan enamorado de lo que "sabes"; eso se llama soberbia, con la cual, cualquier información que no encaje con el rompecabezas mal armado que ya tienes, simplemente rebotará de tu mente. Cuando eres soberbio, nadie puede, ni siquiera con la evidencia ayudarte a salir de allí.

Cuando te sales del juicio, puedes incluso "ser" la otra persona y entenderla, especialmente si tu intuición está a tope. Mientras menos cargado de juicios y prejuicios andes, más cerca estarás de la luz del amor que emana desde el corazón. Mientras más te pertenece esa luz, más poderosa es tu intuición. Créeme, hay veces que hasta podrías "leer" a una persona tan claro como el agua, en segundos. No con un proceso pensante, simplemente lo sabes. Pero ya… que ese tema es un poco *under* para extenderlo mucho aquí.

P –Veo que le caes encima también a los narcisistas, cualquiera espera por el título que sólo hablarías de chapiadora* y chapiado.

H –Lo que sucede es que mi misión en este libro es poner en perspectiva a todo el que está auto engañado o bajo el flagelo de la estafa emocional y la injusticia moral.

Además, debo decir que me inspiré en lo que vi en el trabajo de Wilsis Bautista "El Manual de la Chapiadora[22]". Ella se ganó mi respeto antes de la tercera página leída. Vi que ella también sabía que la mayoría de los dominicanos, sólo leen si le metes un producto controversial. De hecho, yo lo compré para poder criticarlo, porque pensé con ese título "otra chopería más". Pero quedé loco con ella cuando vi que al final quiere transmitir un mensaje bueno para la sociedad, especialmente a las damas.

Esa persona puso su grano de arena entre tanta destrucción de los valores. Así que como la idea me inspiró, asumí este título para también hacer honor a la continuación de esa misión de rescatar valores e ideales.

P –Loco, otro comentario. Yo en una casi me rehúso a creer que de verdad la aceptación de la música "urbana" tuvo tanto que ver en la destrucción de nuestra sociedad. Pero cuando me puse a ver, antes de por ahí por el 1993 aquí no se había visto eso de que arrebataran cadenas en la calle y no mucho más tarde disque los atracos.

Y es exactamente las fechas en que aquí llegó el reggae boricua de Playero y demás, con to' esos disparates de que soy maleante y que criminal blablablá.

Y eso… que no se atrevían a ponerla en la radio, era el que compraba los casetes que oía eso. Y sí loco, esos mismos dos o tres gatos que eran que lo oían eran los mismos que querían privar en tígueres*, y eran los mismos que salían a atracar, así fuera a quitarle bicicleta a niños, como los

---

22. Wilsis Bautista. *El Manual de la Chapiadora*. 2018.

famosos "Bastarditos" que eran un azote por el barrio La Paz. Te lo digo porque le pedí referencia a papi, que cuando eso él era activo en la policía y de los que tenía los juegos pesao'. Papi era feliz dándole en la madre a esos disque tígueres*. Y es verdad, no era otra cosa… imagínate a quién admiraban esos palomos*, a un tíguere* que vendía droga en esquinas en Puerto Rico y demás crápulas similares, y eso mismo eran sus canciones. #

H –Pero tu papá es una buena fuente de investigación compai', le voy a caer pa' algunos datos del próximo libro. Y sí, los bastarditos me llegaron a robar una bicicleta, yo no vivía muy lejos de esa plaga. #

P –Ah, pero déjame contarte, yo usé lo de la reprogramación con mi ex y me sirvió.

H –¿¡Como!? ¿sin un tallercito ni nada? Pues tú eres dura. Mira, yo me alegro mucho de saber que habrá gente que le irá bien con eso. Porque yo sé que no es lo mismo narrarlo que entenderlo. No es lo mismo entender que comprender, entender viene de fuera, comprender viene de adentro. Por ejemplo, tú le puedes dar un consejo a tu hijo y él hasta te entiende que le dices lo correcto, ¿pero se acuerda a la hora de aplicarlo? Si no lo integró a su manera de vivir sólo entendió, no comprendió. Yo dejé el cigarrillo cuando por fin comprendí que no me convenía, antes de eso sólo lo entendía. Aunque entiendo que tal vez no todo el mundo le dé el mismo uso semántico a dichas palabras y simplemente les sean sinónimos.

P –Oye, y ese tema de "Pobreza y Riqueza Mental" ¿no te pareció un tema como para otro de los libros que tienes pensado?

H –No, me pareció perfecto para este. Primero, porque no soy Raimon Samso[23] ni Harv Eker[24] ni la sabiduría financiera estuvo en mi arsenal hasta hace poco, es decir que no puedo llenar un libro sobre sabiduría financiera. Aunque, para mi edad y oportunidades tampoco es que fui un Juaniquito. Entonces señores, me pareció perfecto aquí porque la libertad personal y la libertad financiera son prácticamente lo mismo. Y de eso se trata el libro, de despertar, de librarse de la maldición de un sistema de empobrecimiento mental que nos lleva a ser simples imitadores consumistas, dejando que nos digan qué desear y volviendo el deseo una necesidad. Es justo y necesario que alguien lo diga, y estoy seguro que por decirlo; algunos se darán cuenta de que han estado dando vueltas en círculos. De esos, algunos encontrarán el modo de ver la vida que menos les esclavice y menos les afecte… y esa es mi misión.

P –Una pregunta inquietante que anoté aquí; En una conversación con Mancebo le dices que te gusta más saber por qué creíste algo que cambiar la creencia. ¿Cómo es eso?

H –Interesante pregunta. La diferencia es que tú puedes "cambiar" una creencia por otra incluso yendo de un extremo al otro. Hasta suele pasar sin un proceso analítico, simplemente por la Ley del Péndulo. Pondré un ejemplo a ver si funciona;

Imagina un niño que en su crianza tuvo motivos de sobra para ser temeroso, es decir cobarde, por lo que los niños

---

23. Raimon Samsó. *Licenciado en Ciencias Económicas y escritor español. Autor de 12 libros de desarrollo personal y financiero.*

24. T. Harv Eker. *Escritor, empresario y orador motivacional canadiense. Autor del famoso libro "Los Secretos de la Mente Millonaria".*

abusivos se aprovechan y lo acosan. Pero un día el niño explota, entonces ve que le funcionó ir armado de un palo hacia sus acosadores. Vio que la suma de su enfado y lo que sería un arma hizo correr ahora a los que siempre lo habían hecho correr a él. Ya el niño temeroso probó una gota de poder y claro que le ha gustado. Haya o no logrado colocar la paliza, ahora le gusta identificarse con el otro lado. Ahora ve videos de venganza, peleas, palizas y demás por Youtube. Su conducta cambia en general, no sólo para con los acosadores.

Es muy fácil saltar de un extremo al otro, especialmente porque es más cómodo sentirse agresor que agredido, así que se pone ese caparazón.

Esa es una situación en que sólo cambias la creencia; el sujeto se creía impotente, pero ahora se cree imbatible. Como eso no es equilibrado, trae consigo otros remanentes en la actitud del cambiado sujeto. Es decir, la idea de sentirse bien siendo el agresor puede traer en su paquete; soberbia, arrogancia, abuso, adicción al poder que lo convierte en manipulador… todo esto, hecho en principio para defender a aquel niñito que se escondía a llorar en el closet.

Cuando en cambio, descubre por qué se creía impotente o cualquiera que fuera la fuente del despertar de su conducta antagonista; entonces existe la posibilidad de cambiar esa creencia por una más equilibrada, que no necesita al niño agresivo que se convertiría en el adulto patán. Si el chico, o incluso el hombre se da cuenta de que era temeroso porque su madre lo descalificaba y lo hacía sentir menos, si sabe por qué su autoconfianza fue amellada, entonces tendrá el hilo correcto para tejer la rotura. Si sabe que tuvo una idea equivocada que vino desde una madre equivocada, ya no será necesario pasar de castigado a castigador, porque desde este punto se puede trabajar en la sanación. Habrá mil maneras de construir su autoconfianza, muy lejos de agredir a alguien o pagar sus frustraciones con los demás. Eso cuando hay equilibrio, cuando hay neutralidad, no cuando estamos en un extremo o en el otro.

P –Papá, dices en el primer tema que las colombianas fueron que trajeron el chapeo porque aceleraron la prostitución, o algo así. Pero la dominicana siempre ha sido demasiado cuero* y vividora desde antaño también. ¿Me equivoco? Bueno, sin generalizar, sino hablando de mayorías.

H –De cierta forma no te equivocas, lo que sí hay varias cosas a entender; Si nos referimos a la mujer con mentalidad de "vender" a las hijas para que tenga supuestamente mejor calidad de vida a buen postor, así como los matrimonios arreglados, eso existe desde que el mundo es mundo y en consecuencia la mentalidad de mantenida. Si te refieres a la mujer mirar a un hombre por las ventajas que resultarían de casarse con este, también sigue siendo el mismo efecto y existe desde que el mundo es mundo. Yo no la veo como un cuero*, sino como una mujer inteligente. Aunque también considero que una mujer tiene que estar a la altura de lo que está esperando de un hombre. Por otro lado; cuero* como tal, que es en el contexto de "págame por sexo" siempre ha habido en RD, el asunto es qué tanto.

Fuera de las del Malecón, las de la Duarte y demás causas perdidas, se podían contar con los dedos de una mano las famosas "chicas Beeper" en los 90's.

¿Qué digo con esto? Que a pesar de esto, la dominicana sentía vergüenza de admitir que tuviera en eso y se manejaba con la mayor discreción posible. La diferencia en la forma de operar de las colombianas que vinieron decididas a eso, es que era a lo "se me importa". De por sí, ya la prostitución estaba aceleradísima en comparación a aquí en los 80's y 90's en algunas ciudades de Colombia, lo que no sé es si por densidad poblacional. Súmale a eso el efecto de que vienen con la idea de que aquí nadie las conoce. ¿Qué siguió? Bonitas, sin vergüenza y con buenos resultados; cuando menos buenos vehículos. Y ¿quién no quiere? Entonces, como la dominicana también quiere, soltó la vergüenza. Déjame decirte que la vergüenza es el primer valor que se pierde, los demás se van en efecto dominó.

P –¿Pero les fue tan bien en tan poco tiempo a las paisas? ¿Nada más cueriando*?

H –Ahí es que entra el chapeo, las muchachonas que tuvieron mejores resultados fue gracias a jugar varios frentes a un tiempo… bueno, sobre todo gracias a las redes sociales. Imagínate que vende bien como dama de compañía, aparte de vender videítos y que aparte tenga como cinco o siete tele-novios, de esos que creen que es de verdad que van a venir a pasar una luna de miel con la susodicha cuando se le ocurra venir de USA o de por ahí, y súmale que son humanas y quisieran sentirse acompañadas, por lo que prueban a tener un novio legal. Claro, el error suele estar en su patrón de elección y lo que ellas quieren por novio, que nunca sería un tipo tranquilo, ni un arquitecto de los que les gusta estar en su casa.

Otras, no la mayoría, se casaron con la gloria. Difícil se hayan casado con un rico como tal, aunque se ha dado, pero basta con un casado que la mude y la ponga como una reina. Esas son tentativamente el 5%, lo que todas quisieran.

Pero vamos a sumarle a eso que las chicas sólo dejan ver lo mejor de su vida y hasta lo que no es su vida en las redes sociales. Y ¿quién no quiere ser la tipa que todas las semanas parece que está dándose la vida de esposa de capo? Cuando muchas veces es contenido reciclado.

P –Mano, ¿tú estás claro de que algunas cosas que dices en el tema de "Razas y Racismo en RD" pueden sonar un tanto racistas?

H –Sé cómo suena, y todos saben que estoy lejos de ser racista, por si acaso.
Pero las cosas hay que decirlas como son y más si no me las inventé yo. No soy, ni pienso ser la clase de persona que se acomoda a la fragilidad del que se quiere ofender por todo, de la misma manera que tampoco me rindo ni me adapto a la ignorancia.
Vamos a un ejercicio fácil para desmontar un poco de cristal;
¿Cómo le llamas a una persona de piel blanca o caucásico?

P –Pues… blanco.

H –¿Se ofende?

P –No.

H –¿Cómo le llamas a un indio?

P –Indio.

H –¿Se ofende?

P –No.

H –Entonces, ¿por qué tiene que ofenderse un negro si le dices negro? ¿No te dice eso que el realmente racista, en ese caso, sería el mismo negro que se ofendiera? Bueno, aunque aquí no se usa eso, aquí en RD el negro se lo coge a chercha* o se autodenomina negro orgullosamente. Pero a veces la gente necesita tanto tener con que enjuiciar y joder, que sin ser negros, con el hecho de describir al negro como negro en este libro, estos asumirán que es un término denigrante. Sin darse cuenta de que los que lo estarían denigrando son ellos mismos, los defensores de cristal, al convertir una palabra simple y llana en una palabra ofensiva. Sin ni darse cuenta, los mismos que quisieran inventarle otro nombre "menos ofensivo" son los que realmente estarían volviendo ofensivo el término. No podíamos heredar nada de lo bueno de los gringos que no fuera su inclinación a la "cristalidad", la misma que terminó diciéndole "persona especial" a una persona por ejemplo con demencia. ¿Esa es una palabra obscena? ¿Entonces cuál es el problema de llamar las cosas por su nombre?

Yo entiendo que no le vas a andar diciendo "demente" a una persona con demencia, pero es que tampoco eso tiene por qué ser un vocativo. Pero tampoco hay razón para decirle "eres una persona especial". Yo mejor me sentiría burlado y me preguntaría que diablos tiene de especial mi limitación.

P –Excelente punto de vista.

P –Explícame a qué te refieres, cuando en una conversación con Mancebo dices "el vicio humano de lo obtenido y lo por obtener".

H –Me encanta esa pregunta y no tengo una respuesta corta para explicarlo. En mi criterio, es un vicio humano que se genera por la misma razón que el consumismo, también en la teoría del niño adulto o *Puer Aeternus* de Carl Jung:

Un niño quiere un Fisher Price, ¿qué sucede después que lo tiene? Le va encima con todo su apego, hasta que quema la "fiebre" y sólo lo tiene porque sí... de lo que nadie podría hablarle, aunque no lo use es de llevárselo, sino sobre su cadáver. Hasta le vuelve un apego espontaneo y de poca duración sobre el objeto en la amenaza de quitárselo. No es nada diferente con el adulto que no está en equilibrio con la vida, que cuando está seguro de que "tiene" a alguien, tiende a tener la atención en lo "por obtener", ya sean cosas o incluso "posesión" sobre otras personas. Por eso hay gente que necesitan vivir en una constante montaña rusa emocional, para las que no tendría sentido una relación si no se ve constantemente amenazada por la sensación de "perder" a la otra persona. Es la misma razón por la que explicaba que una mujer muy dominante suele aburrirse profundamente de un hombre mamita*. El hombre no tanto que se aburre, pero sí suele pasar a su compañera a un plano de importancia inferior y hasta subestimarle, al verla en condición de súbdito y en consecuencia, así mismo tratarla.

En el fondo, esto no sucede por algo que ande mal. La naturaleza humana, en el mejor de los casos tiene una inclinación a aspirar a algo, incluso necesita tener problemas que resolver, aunque no pare de quejarse de estos. El verdadero problema es no saber cuándo parar ni canalizar nuestra ansiedad de "aquello que falta". Fíjense que en ese desequilibrio; hay personas que no están listas para no tener ningún problema en sus vidas y sobrarles el dinero. Las que caerían en todo tipo de fetiches, vicios y todo aquello que se supone que no debe ser, por no encontrar qué hacer con su energía. Ya que señalamos eso como un desequilibrio, ahora mencionemos el punto de equilibrio, este sería; saber ser y saber tener.

Quedémonos con saber tener, para seguir apegados al contexto. Saber tener es aun más importante que tener. Quien sabe tener, tiene desde el amor y desde la identidad propia, no desde el apego. El apego puede ser totalmente circunstancial, momentáneo, sustituible. El niño puede descubrir, una vez teniendo su bicicleta Fisher Price, que le apasiona más el ajedrez. Así la bicicleta pasará a un segundo, tercero, hasta décimo plano. La bicicleta no sufriría porque no tiene vida.

Vale la pena decir que en el ejemplo del niño, este está explorando, conociéndose, definiéndose. Pero veremos esa misma tendencia en adultos que se supone que saben lo que quieren. Incluso hombres que han dejado su familia, la única que lo cuidaría en la miseria, por la ilusión de un nuevo comienzo con una completa extraña. Es un buen ejemplo de no saber tener, no saber priorizar, pensar con el apego o la pasión.

El que no sabe tener, vivirá en una carrera eterna detrás de lo "por obtener". Es de hecho uno de los principios que funciona en eso de que la tipa se afixia* del que la trata mal y no la considera (el patán), mientras que ella misma ha humillado a un hombre que ha hecho todo lo posible por complacerla (el complaciente).

¿Por qué? Porque la dama en cuestión estaría corriendo hacia sus expectativas aún no cumplidas, tanto sobre el sujeto como sobre sí misma, es decir; lo que espera del tipo y lo que cree de sí misma. La idea que ella estaría manejando es que se supone que ella está buena, que es deseada, pero ese tipo la hace hasta dudarlo.

Entonces no entiende por qué no puede dominar al patán, y es exactamente lo que más le emociona. Ahí se suman muchas cosas; ve un hombre con carácter, en lugar de un patán. Vamos a sumarle a eso el "sube y baja emocional", siempre sentir la amenaza y la incertidumbre respecto al hombre que no está segura si la ama o si la deja.

También vamos a sumarle a eso el efecto de "luces y sombras".

Por si no recuerdan el tema, se trata de la mami buena y la mami mala. En el contexto de que esperamos que la mami buena sea la misma que nos rescate de la indiferencia o la violencia de la mami mala. De hecho, este efecto es lo que también se conoce como "Síndrome de Estocolmo".

P –Diablos, sí. Conozco a una que tiene un chulo*, y ella es tan fuerte, que cuando el esposo viene al país lo trata malísimo, peleando por todo y por nada. No nada más por lo que dices de que el tipo es débil de carácter y complaciente. Sino porque el esposo es el obstáculo pa' ella salir y estar con el chulo*. Ella hasta ha llegado a llamar al esposo desde un número ajeno, para armarle su lío "por sospecha". O sea, la tipa lo ha llamado de un numero de una amiga, desconocido para él, para quedarse callada. Para entonces con eso armarle un lío de "sospechas" porque ella llamó a ese número que él dice que no conoce y lo cogió una mujer. Adivina pa' qué… Pa' irse disque quillá* pa' donde su mamá el fin de semana, y así poder ir atrás del chulo a que le dé durísimo.

PREÁMBULO

En este último apartado vamos a definir las palabras "en dominicano" que en ningún país de habla Hispana serían inteligibles. Está mayormente compuesto por la jerga dominicana, pero especialmente de algo que me gusta llamarle "lenguaje coloquial desechable". ¿Por qué desechable? Porque el vulgo dominicano, desde cierto momento "entregó" su identidad, por lo que no tiene por así decirlo, un diccionario fijo para muchas palabras en su léxico. Hay palabras que han sido y seguirán siendo reemplazadas, por cualquier influencer o artista urbano que ahora gobiernan tanto en el léxico como en la fonética de la idiosincrasia local. Por ejemplo, en la definición de la palabra "mío", siendo el vocativo que el vulgo utiliza para cualquier conocido o desconocido, entre todas las palabras que ha mutado en menos de diez años están; Montro, nueve, papá, manin, mi loco, de lo' mío', entre otras.

También hay unas cuantas palabras que son tecnicismos propios de quien escribe, así como un glosario de palabras recortadas en nuestro castellano que quedaron sin definición, de esas que fueron marcadas con un signo de "#" al final de cada párrafo que las contenía.

DICCIONARIO DEL LENGUAJE COLOQUIAL DESECHABLE (LCD)

A

Activo:
Palabra utilizada por un personaje para decir "tamo' activo", utilizada mayormente para insinuar que se le debería pagar por "vigilar" nuestro vehículo, o alguna otra actividad en la que hace absolutamente nada. O para decir que se está alerta o en seguimiento de algo.

Afixiá:
Palabra recortada de "asfixiada". Una persona "afixiá" es la que tiene mucho apego, dependencia o enamoramiento hacia alguien.

Ahuevao':
Palabra recortada de "ahuevado", con forma de huevo. Suele referirse a algo que se supone que debería ser redondo y ya no lo es. Ej; *esa pelota está ahuevá (ahuevada)*

Ajorcao:
Forma de decir "ahorcado". La connotación con la "J" que le da un toque jocoso, se utiliza para cualquier cosa que no

sea un ahorcamiento literal, como cuando alguien va muy forzado económicamente con las deudas u obligaciones.

Atraco:
Asalto a mano armada.

Aplomeó:
Presente en tercera persona de "aplomear". Dispararle a alguien. Darle plomo.

Apoyao':
Pudiera ser la palabra recortada "apoyado" como verbo. Ej. *Tú no me has apoyao'* (apoyado). Usada como adjetivo; se refiere especialmente a un niño sobreprotegido, consentido o con falta de límites.

Apretá':
Palabra recortada de "apretada", como pudiera ser "apretao" de "apretado". Se refiere a una persona que pudiera sobrarle valor o faltarle escrúpulos, así como poca capacidad de medir consecuencias.

Ayantosa:
Mujer que finje o exagera afecto, así como también entusiasmo.

B

Bacano:
Léase persona que entiende que luce bien o que causa admiración. Bien pudiera ser con cosas que tiene o con cosas que hace. A veces el término es inverso y despectivo para aquellos que creen que pasan por bacanos, pero que en cambio rayan en lo ridículo. También al que comete una imprudencia, como meterse en el carril contrario. Ej: *Pero que bacano…*

Bendecida:
Término muy trillado entre las chapiadoras, que asumen que lo que obtienen chapiando son bendiciones, aunque nunca dejan ver al "santo". Término utilizado a menudo como sinónimo de chapiadora.

Bendición:
Lo que la chapiadora consigue a costa del chapeo.

Biberón:
Problema donde se implica violencia o persona problemática. Bobo*, Tormento.

Blimblines:
Palabra que viene de la onomatopeya del sonido de muchas y grandes cadenas (prendas de vestir) que caen desde el cuello sobre el pecho. Precisamente para referirse a las cadenas y medallones de tamaño exagerado, que son o fingen ser de oro.

Bobo:
Como cosa, problema. Como persona, alguien problemático. Véase "biberón".

Bofe:
Hígado de res. Término a veces usado como despectivo hacia una mujer fea o una carne barata o de mala calidad.

Bola:
Aventón. Llevar a alguien de gratis a su destino o acercarlo.

Bregador:
Título dado a tígueres* que han vendido droga, pero especialmente al que ha vendido a nivel de menudeo*, ya sea a nivel local o típicamente en las esquinas de New York o

Boston. Aunque también le podrían decir bregador a un capo, pero el término se refiere mayormente al que vende al por menor o en los puntos de droga.

Bugarrón:
Hombre que no le atraen los hombres, pero que sin embargo, está abierto a sexo con estos por dinero.

Bulto:
Presunción. Especialmente con lo ajeno, con lo que no se tiene o promesas que no podría cumplir el bultero.

Bultero:
Tíguere* capaz de presumir de lo ajeno, de lo que ni siquiera tiene o de cosas que no puede. Por ejemplo, los bulteros más infantiles son los dominicanos ausentes o extranjeros que le mandan foto de mucho dinero en efectivo a una tipa, para que ella se ponga cariñosa con él. Si no, el que siempre está invitando a sitios fuera de su alcance sólo para impresionar, ya que a la hora del asunto siempre habría una excusa o el bultero se desaparece.

Burlao':
Palabra recortada de "burlado". Léase cuando un individuo tiene dinero u otros logros que obtiene mayormente sin esforzarse. Parte de estar burlao' consiste especialmente en demostrar que obtuvo las cosas con el menor esfuerzo posible, (mayormente delinquiendo) no con duro trabajo. La idea principal de querer estar burlao' es la de que lo envidien, lo idolatren y hagan de su figura un bacano.

Buscanera:
De que "se la busca", prostituta.

C

Cabaña:
Motel. Por alguna razón en RD les llaman cabañas sin ser una construcción rústica ni de madera, ni tampoco estar aislada como refugio entre la naturaleza.

Cacheteros:
Pantalones exageradamente cortos que permiten ver las líneas de las nalgas o incluso media nalga.

Calibrar:
Acción de desplazar una motocicleta en una sola goma, conocido en otros países como "caballito" o "willie". Acción llevada a cabo por motoristas chopos* para secretar adrenalina, pero especialmente para impresionar a los demás, aunque realmente la acción logra el desprecio de las mayorías, dado que lo hacen en barrios muy poblados y calles tupidas de gente, así como estrechas, ya que la idea es que los vean. Esto causa sustos, frecuentes daños a la propiedad y accidentes.

Calzando:
Primera persona en presente de "calzar", tener sexo. Coger. Penetrar. Palabra que sería usada mayormente si la acción tiene un contexto inmoral o incorrecto. Ej: *El llegó de sorpresa y encontró a su mujer calzá. O, encontraron a fulanito calzando a la hija de la vecina.*

Cambiazo:
Trampa infantil de ciertas compañías telefónicas, con las que nos comprometerían a renovar un plan telefónico por 18 meses más. Funciona con puntos de consumo de acuerdo al plan que se tendría activo. Les genera ganancias en pasado, presente y futuro, pero logran que el cliente crea

que le están regalando algo o vendiéndole un equipo a mejor precio que en su precio real.

Carajito:
Niño. Pero suele utilizarse el término cuando se refiere a un niño maleducado, imprudente o que jode mucho. Algunas veces, sin que el niño externe ninguna conducta, hay personas que le dirían "carajito" simplemente si el niño es ordinario o feo. A veces, también los padres cuando se enfadan reprendiendo a un niño. Ej; *este carajito no aprende… ¡todos los días lo mismo!* También a un adulto joven que comete acciones inmaduras en infantiles. Ej: *¡Loco, pero tú si eres carajito man!*

Clavá':
Palabra recortada de "clavada". Léase cuando se tiene algo guardado, oculto, como As bajo la manga o de manera profiláctica (por si acaso). Ej: *Mancebo tenía un whisky clavao' por si la mujer pedía más.*

Cocote:
Expectativa sobre algo, especialmente sexo. Ej: *Hice un cocote con una tipa y me dejó plantado. O, hice un cocote con ir a la playa y el viaje no se dio.*

Códigos:
Conocimiento o información sobre cómo funciona algo, especialmente refiriéndose a tigueraje* de cierta forma oculto o sutil. Ej: *Pero dame los códigos para ponerme como tú. O, No me des cotorra* que yo me sé to' esos códigos.*

Colmadón:
Bodega o minimarket, especializado en bebidas alcohólicas y música a muy alto volumen para los consumidores.

Concho:

Carro que brinda servicio de transporte, aunque no como un taxi. Funciona en una ruta estrictamente fija y aborda a todo pasajero que quepa, incluso abusando de la capacidad del carro, para ganar más dinero por salida y llegada. Cuatro pasajeros detrás y dos delante, en un sedán o coupé cualquiera.

Concón:

Raspadura que queda en el fondo de un caldero de arroz. Arroz frito hasta endurecer.

Contao':

Palabra recortada de "contado". Para explicar que un individuo anda a lo justo de dinero para un consumo previamente planificado, ni un peso más.

Coro:

Tiene varias vertientes; puede referirse a un grupo de gente junta, como un grupo de gente que forman parte de algo, sea por localidad o alianza. Ej: *Ese es el coro de Los Guaricanos*. También como sinónimo de "chercha". Ej: *Esa gente tenían un coro hasta el amanecer*. También suele usarse refiriéndose a la correspondencia, ya sea conyugal o amistosa. Ej; *Ella me gusta, pero no me quiere hacer coro. O, Mis amigos ya no me hacen coro porque ahora ando sin dinero.*

Coronao':

Palabra recortada de "coronado" por "coronar". Término inventado por los capos colombianos, para decir que triunfaron en un envío de drogas. Utilizado en RD de manera similar a "burlao". Estar "coronao" y estar "burlao" son sinónimos.

Cotizá:

Palabra recortada de "cotizar"; cotizá, cotizao', ella se cotiza. Alguien que de la misma manera que un producto, entiende que vale más que los que les rodea porque se le subió el ego. Ej; *Ella se dio una cotizá después que tiene un buen trabajo*. O, *Le creció el culo por ir al gimnasio y ahora ni mira cuando le hablan, ella se cotizó.*

Cotorra:

Persuasión o convencimiento, elaborado mayormente con mentiras o verdades a medias.

Cromo:

Mujer que está muy buena, así como cromito es una chica muy joven que está buena.

Cuarto:

Dinero. La palabra "cuarto" hace referencia a ¼ de peso dominicano, es decir, 25 centavos. Eso en los tiempos en que era una moneda valiosa y que igualó al dólar. De ahí viene que decir; *"Fulano tiene mucho' cuarto"* era, y sigue siendo igual a decir que Fulano tiene mucho dinero.

Cuco:

No… no es Toño Rosario[25]. Varias vertientes; es cualquier cosa que se use para amedrentar o asustar a una persona. Ej: *Eso es metiéndote cuco, él no te va a denunciar*. Personaje oscuro, feo, y como la imaginación de un niño le diera mejor forma a su miedo, utilizado por nuestros padres para sugestionarnos a la buena conducta y la obediencia, aunque

---

25. Máximo Antonio del Rosario. *Nombre artístico:* Toño Rosario, *quien también se autodenomina "el cuco" o "tu cuquito". Figura legendaria del Merengue Dominicano.*

parece que ya no se usa. Prometían que el cuco se llevaba a los niños que se portan mal o a los que hacen tal cosa (justo lo que papá o mamá no quieren que hagamos). Algunos padres suelen usar las pesadillas de los hijos, para sustentar la creencia en la existencia del cuco, sino también del "pájaro malo" (El diablo). Ej: El niño cuenta su pesadilla y su madre le dice; "¡*eso e' el pájaro malo que te viene a llevar si te sigues portando mal!*"

Cuerería:
Prostíbulo. También actitud o conducta lujuriosa de parte de una o varias mujeres.

Cuero:
Prostituta, ya fuera de prostíbulo o de manejo discreto. Aunque en RD suelen también decir "cuero" como sinónimo de "puta", cuando en realidad cuero es la que ofrece sexo por dinero y puta la que lo hace con facilidad con cualquiera que le gusta, sólo por lujuria.

Cuerpa:
Mujer con cuerpazo, que aunque fuera fea, por esa cualidad ella también está clasificada entre las que "están buenas".

CH

Chamaquita:
Chica preadolescente o adolescente. Puede incluso tener diez años o menos y tener vestimenta y conducta prematura, que la convertirían también en chamaquita.

Chancletúa:
Palabra recortada de "chancletuda", para referirse a una mujer sin clase, pobre o en olla. Dado que la chancleta es

el calzado más barato y menos estético posible, que supone sólo ser usado dentro de la casa y al hacer oficios.

Chapeo:
Relación o acción donde la meta es quitarle el dinero o bienes a una persona, ya sea con intercambio sexual o con la promesa y expectativa de que el sexo llegará, pero que podría no llegar.

Chapiadora:
Mujer que ejerce el chapeo como medio productivo, ya sea que es su modo de ingreso principal o secundario. Mejor conocida globalmente como la gold digger.

Charli:
Un sinónimo de chopo* o de palomo* que se usaba a inicios de los 90's, mayormente de boca de los jevitos* y fue desapareciendo con el nuevo mileno.

Chemba:
También "bemba". Boca muy grande o incluso exagerada, especialmente si el labio inferior se le adelanta demasiado al superior. También gesto característico que hace un niño que va a llorar. (chembita)

Chercha:
Tertulia recreativa en que impera el ánimo jocoso. Término usado también para apodar a una fiesta muy pequeña o modesta, o simplemente una reunión donde se come y/o se toma alcohol. Ej: *Mañana hay una chercha donde María.*

Chiliando:
De chilin. Relajado y despreocupado, especialmente en magnas comodidades.

Chipero:

De la palabra "chip", porque las tarjetas funcionan con chip. Se refiere a ladrones que roban la información de las tarjetas de crédito y débito, así como obtener datos de cuentas bancarias a través de *links* para robar abiertamente. Son una plaga muy común y son, después de los dembowseros y los capos, el mayor ícono de aquello de "estar burlao", por lo que son idolatrados por los chopos*.

Chopada:

Población de chopos* en conjunto.

Chopo:

Persona sin clase, sin educación ni identidad propia, egoísta, beligerante e irrespetuoso. Léase el tema titulado "¿Quién es el chopo?". En la Real Academia de la Lengua Española (RAE) "chopo" es el nombre de la madera de distintas especies de álamos.

Chulo:

Amante. También proxeneta.

Chuky:

Utilizado para decir "ando Chuky", que se refiere a estar dispuesto a la maldad, a delinquir, al desacato, a las travesuras pesadas o simplemente entre parejas para decir que tiene apetito sexual.

D

Dárselo:

Darle el trasero. Tener sexo.

De ná:

Antónimo de "cromo" o de "cuerpa", sin atractivo físico. En ese caso le dicen "ella no está de ná", pero si se trata de

una persona sana o inocente dirían "ese muchacho no e'
de ná".

Dejar caer:
Agradecer con dinero, dar propina, regalar o pagar sin
monto establecido y a conciencia.

Dembow:
Género musical derivado del Reguetón, inventado por
jóvenes sin talento ni educación. En lo musical: (combinación de sonido y tiempo) de mediocre composición,
porque, nunca suenan más de dos instrumentos y estos son
sintéticos. Como mucho toda la canción se produce sólo en
dos tonos o acordes y la voz es limpiada y llevada por Au-
totune. En su mensaje: Todo Dembow habla de lo mismo
en diferente orden o con diferentes palabras, pero siempre
las mismas intenciones de transmitir que quien canta es un
bacano, que tiene muchas mujeres, que tiene "to" porque
es mejor que el resto, que recoge, vende, envía drogas o
la consume, etcétera. Ver el tema "Los Modelos a Seguir".
Ver video "El abuelo Melquiades te enseña cómo compo-
ner reggaetón" en Youtube. Tener en cuenta que incluso el
Reguetón es superior al Dembow en su composición.

Dembowsero:
"Artista" urbano que compone Dembow. Sobresaliente por
la combinación de poca educación, arrogancia y llevar una
recua* de lambones* detrás.

Desplayao':
Palabra sin etimología y de total invención dominicana,
que describe una posición descuidada, de piernas y/o brazos
abiertos en la que se está cómodo o sentado.

Desabría:
Palabra recortada de desabrida que en su uso original se refiere a la comida con poco o ningún sabor. Tratándose de persona; se refiere a una persona apática, seca o aburrida.

Disparate:
Vacuencia, asunto sin importancia, idea estúpida o sin lógica. Trabajo mal hecho o cosa de mala calidad.

Disparatoso:
El que habla disparates, cosas sin sentido o carente de lógica, de ocurrencias estúpidas. Chapucero, que hace un trabajo de mala calidad. Toyoso.

E

Echavaineo:
Gusto vanidoso y compulsivo de exhibir cosas materiales costosas, con la finalidad de recibir adulación, aprobación y hasta envidia. Pero especialmente para posicionarse y captar la mirada de las mujeres más "cotizadas" o deseadas de la zona. En el caso de la mujer; ella usa el echavaineo para sustentar a su ego en la idea de que ella es mejor o que está más buena que las demás en su círculo. También, para que los hombres puedan ver que ella no recibiría de ellos, algo menos valioso que aquello que ya ella tiene.

El Templo:
Palabra Utilizada por mi estimada Wilsis Bautista en "El Manual de la Chapiadora", para referirse a los hombres de los que vive la chapiadora, conocidos en este libro como "teteras". Ella eligió la palabra "templo" debido a que las "bendecidas", de algún "templo" deben de recibir "la bendición".

Encojonarse:
Enfurecerse. Quillarse*. Término relacionado con "cojones", dado que incluso una persona tranquila, se reviste de estos al tomar coraje.

Enteros:
Dinero en billetes, especialmente de las denominaciones más altas.

Entrarle:
Tener sexo con alguien. Meterle mano, bregarle, emburujarse. Término utilizado mayormente cuando se necesita valor para acostarse con alguien. Ej: *Mana, ¿y tú te atreves a entrarle a eso por tu' cuarto?*

Emburujarse:
Riña entre gente que no saben pelear, donde los ataques básicos son los golopones* y agarrarse del pelo. El pelo, también es llamado "greña" para la gente con el pelo malo (crespo) y mal alisado. Acción de tener sexo con alguien muy feo/a o de nulo atractivo físico, igual a entrarle o meterle mano. Ej: *Se emburujó el compadre con la bizca, él que decía que no le entraría a eso.*

Embromienda:
Vaina. Asunto. Cosa. Jodienda. Especialmente cosa repetitiva o molesta. Ej: *Ahí va a prender esa embromienda desde esta hora.*

Estarbuenismo:
Sentimiento adictivo de estar bueno/a que suele ser interpretado como protagonismo.

Estericar:
Estirar. Rendir el dinero hasta el último peso. También sacarle el jugo a algo por lo que se ha pagado.

Explotá:
Palabra recortada de "explotada". El dominicano tiende a pronunciarlo sin la "x", así que suena "eplotá". Mujer que alguna vez estuvo buena o con bonito físico. La dominicana promedio que no va al gimnasio suele explotarse entre los 22 a 26 años, pero mucho antes si ha tenido hijos. Hay muchas que, aunque vayan al gimnasio, eso no le gana la carrera a la frecuencia con que comen frituras, comida chatarra, toda clase de disparates y beben cerveza.

F

Fajao':
Trabajando duro. Enfocado. También cualquier cosa de a mucho. Ej: *El hombre taba' fajao' con tremendo plato de arroz.*

Force:
Acción exagerada o desesperada por gustar o estar bueno o buena. También cualquier situación demasiado insistida o esfuerzo excesivo tras algún objetivo.

G

Gotear:
Caerse, especialmente si es caer desmayado.

Golopón:
Trompada típica del limpiabotas y de todo el que no sabe pelear, en cuyo movimiento el puño viaja en relación al hombro hasta 180 grados desde las 6:00 del reloj del atacante, hasta las 12 del atacante, que sería la cara del agredido.

La forma de combate de los golopones sólo está pensada para el ataque, no para la defensa.

Guagua:
Autobús. Transporte público. Aunque no se desde cuando el dominicano empezó a decirle guagua también a las jeepetas y camionetas.

Guagüero:
Choferes de autobús. Los guagüeros de transporte público son al volante, uno de los dos depredadores más imprudentes, perros y conflictivos en las calles de RD. La educación vial de los mismos es tan sólo un reflejo de lo que es su educación personal, al igual que los patanistas*.

Guapo:
Aguerrido. Audaz. Tíguere* sin miedo a nadie y que no duda para pelear en desventaja numérica. Tomando en cuenta que todo palomo* y cobarde con necesidad de auto avalarse quiere parecer guapo; a veces la única manera de distinguir al guapo del palomo* es cómo se comporta cada uno bajo amenaza de muerte real. El guapo no ruega por su vida, mientras he visto a palomos* que querían parecer guapos, literalmente berreando de miedo al ver un arma apuntándole y en plena desventaja. Ahora todo el mundo parece guapo si tiene una pistola.

Guardao':
Palabra recortada de "guardado". Mal sentimiento guardado y normalmente somatizado con un humor petrífico, como; rencor, recelo o disconformidad.

Guaremate:
Persona de débil personalidad que necesita un líder al cual celebrarle los chistes, aunque no tengan gracia, mientras

se beneficia de su compañía ya sea bebiendo, comiendo o recibiendo lo que para el líder son migajas, pero lo que para el guaremate es mucho. La función del Guaremate o Lambón es hacer sentirse rey al que tiene el dinero y servirle los tragos mientras de paso se sirve el suyo. El guaremate puede gravitar alrededor de; un político, un pelotero, un dembowsero, un viajero, o cualquiera que esté consiguiendo dos pesos y necesite darse a sentir como si fuera un rico. Aunque este es el caso más clásico o donde más destaca un guaremate, el guaremateo o lambonismo se puede ver casi en cualquier aspecto de la vida. Hay personas que lo llevan tan en la sangre, que aunque su empleo le pague por realizar su trabajo, estos necesitan guarematiarle o lamberle al jefe, incluso delatando faltas en los demás compañeros, como si de ello surgiera un ascenso o la seguridad de que no lo boten del trabajo. Basta con alguien ser influyente o reconocido en algo para tener varios guaremates, orgullosos de ser las rémoras del mismo.

Guayabaso:
Mentira o intento de engañar, proposición deshonesta y tramposa.

Guisá':
Palabra recortada de "guisar", cuyo origen se refiere a hacer caldo con las carnes en base de sazones y agua. En sentido figurado, léase cuando alguien se sale con las suyas o va en gran ventaja. Suele decirse cuando a alguien le fue bien por ejemplo vendiendo, pero es más empleado para connotar una acción de sacar ventaja. *Ej: ¡Hoy guisé!; vendí las boletas de mil pesos a dos mil cuando escasearon.*

H

Hechas:
Mujeres operadas para mejorar su estética. Nunca ha contado como "hecha" una mujer que sólo se ha estirado el rostro, sino la que se hizo; lipo, senos o nalgas.

Hechura:
Qué tan hecha está una mujer.

I

Inchapiable:
Hombre que no le da su dinero a una mujer que sólo quiere de él su dinero, y que de hacerlo, es cuanto él quiera y hasta cuando quiera.

J

Jeva:
Mujer. Tipa. Especialmente si está buena, o también para hacer referencia a una tipa desconocida. A veces sinónimo de novia. Ej: *Me quedé en casa de mi jeva todo el fin de semana.*

Jevi:
Palabra que viene del extranjerismo *"heavy"* que significaría "pesado" y que como actitud se refiere a todo lo contrario. "Jevi" (heavy) es una conducta relajada, empática y benevolente.

Jevito:
Forma de ser, estilo de vida o corriente de pensamiento, que abundó en la masa adolescente y joven de RD, en el cierre de los 80's y con auge entre 1993 a 2003. Los no

tantos que tenían vehículos en ese entonces; protagonizaban carreras en la Av. Abraham Lincoln. Habían avenidas más largas, con menos cruces y semáforos, pero estos querían ser el centro de atención en los lugares donde ellos hacían coro en la mencionada avenida, en los entornos del Parque La Lira.

Josiando:

De "josiar". Buscársela. Manera de conseguir dinero haciendo cosas adicionales al trabajo habitual. También, alguien que no tiene un trabajo fijo y hace cosas variadas y circunstanciales josea. A veces también se usa como sinónimo de pedir o conseguir algo haciendo compromisos Ej: *Ya josié el pasaje.*

K

Kilero:

Capo o intermediario que vende cocaína al por mayor, por kilos.

Klk:

No es pregunta, no es respuesta, tampoco propuesta. Término dominicano de completa incoherencia que tal vez dijo algún dembowsero y por eso se atoró en nuestro léxico. Si lo desarmamos y la analizamos, igual carecería de sentido: Klk suena; *que lo qué.* Lo más cerca de tener sentido sería algo como; *¿qué es lo que es?* Que parecería redundancia de *¿qué es?* Pero no tiene intención de ser esa pregunta ni de tener sentido. Lo único inteligente que se me ocurre para darle una definición, es que se trata de un término creado por una persona incapaz de formular una pregunta coherente.

L

Lamber:

Guarematiar. Si no, podría ser elogiar de manera excesiva. Aunque también se aplica para personas con poca vergüenza para pedir comida o pegarse, para que su sola presencia insinúe que deberían darle de lo que comen. Así como llegar a la casa ajena justo a la hora de comer.

Lambón:

Guaremate. También goloso. También el que quiere de todo lo que están comiendo los demás o va justo a la hora de la comida a la casa ajena.

Lavaito:

Palabra recortada de "lavadito". Persona negra que carece de rasgos negroides como; nariz ancha, labios exagerados o chemba* y dos tonos de piel o más en el rostro. En ausencia de los rasgos negroides, para los cánones de la belleza dominicanos, este se convierte en un morenito "lavaito", por ende, buen mozo. También por el sólo hecho de que un negro tenga dinero, aunque tenga la piel más oscura por partes, lo convierte según la gente que lo adula por tener dinero, en un moreno lavaito.

León:

Tíguere* guapo*, freco* o confrontativo. Término despectivo cuando alguien hace una barbaridad, como cruzarse un semáforo en rojo. Ej: *¡Se fue en rojo!… pero que león.*

Lío:

Pleito. Conflicto. Ya sea de intercambio de palabras pesadas o que incluya golpes.

M

Mafia:

Negocio de naturaleza corrupta y deshonesta. Tanto de parte de los funcionarios públicos, los mandatarios en los tres poderes del Estado, así como en los cuerpos castrenses. Por ejemplo; China dona 120 ambulancias y equis funcionario crea una compañía de transporte que se apropia de las ambulancias y se las alquila a los centros de salud pública. ¿Quién aprueba el alquiler? Ellos. ¿Quién les paga? El Estado, es decir; el bolsillo del pueblo. ¿Qué invirtieron? Nada en absoluto. La función de los mafiosos del país es utilizar la ayuda que venga de fuera para hundir más al país.

Macutean:

De Macuteo. Chantaje, extorsión. Acción llevada a cabo por policías de cuestionable reputación, en la cual hostigan a los ciudadanos de perfiles ecuánimes o tranquilos en las calles, en busca de dinero. El *Modus Operandus* más común; es andar buscándole faltas al ciudadano, por leves que sean, que de no encontrársela hasta se la llegan a inventar. Esto con el objetivo de tener el pretexto para la amenaza de llevarse al ciudadano al cuartel, por lo que el ciudadano se desprende de su dinero para que "le den un chance". Suele funcionar para dichos policías, porque nadie quiere arruinar su día con eso de que se lo llevarán arbitrariamente, bajo "secuestro legal" hacia lo que sería un lugar de trato infrahumano, donde reina la incertidumbre y el abuso. Además del mal olor, nunca cabe un hombre más, ni siquiera de pie. Allí es segura la mala compañía, ya que se mezclan ciudadanos tranquilos con ladrones y gente violenta. Esa podría ser la mejor garantía de que todos prefieran dar dinero que caer allí.

Maipioleo:
Entre amistades o familia es la acción de maipiolar, que significa; facilitar, hacer la diligencia, para sugerirle a alguien conocer o aceptar a alguien con fines sexuales o para una relación. Incluso las madres pueden ser las maipiolas representantes de sus hijas. También existe en el contexto comercial de la prostitución; al intermediario o proxeneta también se le suele decir maipiolo o maipiola.

Majao':
Palabra recortada de "majar". Otro sinónimo de tener sexo.

Mala:
Mujer sobresalientemente dispuesta al sexo, ya sea por placer o por dinero, así como a otros libertinajes. Aunque el dominicano hizo costumbre a llamarle mala a cualquier mujer, pero especialmente si es extravagante, explicita, o aun más si combina ambas cosas con estar buena.

Malhechora:
Mujer con las nalgas mal hechas. De esas que creen que demasiado significa mejor y se ponen nalgas tan grandes que llegan a parecer una doble barquilla o dos bolones (paletas) juntos. Así como también tienden a tener proporciones extrañas y no precisamente redondas. Encima de hacerse el trasero extravagante, nunca van al gimnasio a trabajar las piernas, pero como el hombre de mal gusto y morboso (que abunda) les vocea, ellas creen que ya así están muy buenas.

Malocorista:
Etimología equivalente de "malos coros" o "mal coro". Personaje fanático de lo incorrecto y que aspira a delincuente. Le gusta sumarse puntos de delincuente con blanco fácil y de abuso, no tiene una gota de honor. Aun en su escasa

inteligencia siempre está tramando algo que no es bueno. Podrían llamarle de muchas formas; palomo, desafinao', demagogo, entre otras.

Mamita:
Hombre ridículamente sumiso y controlado por su pareja.

Mangar:
Conseguir. Acción de obtener algo. Que por alguna razón, el término parece ser más usado cuando se trata de una adquisición mal habida, chapiada o poco merecida. Ej: *¿Viste el carro que mangó fulanito ahora que es chipero?* También en el contexto sexual. Ej: Si la consiguió como novia; *¿viste la chamaquita que mangó Juan?* Si sólo tuvo sexo con ella; *¿viste la chamaquita con la que mangó Juan?*

Mareado:
Persona convencida, engañada o entretenida. El mareador tiene como propósito obtener beneficios del mareado, mientras este ha recibido poco o nada del mareador. Ej: *La tipa lo tiene mareado hace meses con que va a verlo, y ella nunca compra el vuelo… pero él siempre le envía dinero.*

Menol:
Menor de edad. Hay muchas palabras en la manera de hablar del barrio y del chopo que cambian la "R" por la "L". Sustituir la "R" por la "L" en nuestro léxico, surgió con la idea de que parecer boricua es sinónimo de ser bacano, gracias al legado de los ídolos del Reguetón y de que ellos vienen siendo los gringos latinos.

Menudo:
Dinero en monedas, de escaso valor.

Menudeo:
Conseguir de a poco dinero.

Mío:
Vocativo mayormente de connotación lambona, que espera propina u obtener la confianza de a quien le llamase "mío". En el primer contexto es combinado con "activo". Ej: Al dejar el carro parqueado en la vía pública, aparece alguien que vocea "¡*mío, tamo' aquí activo!*" siendo este el vocativo que toda persona inculta utiliza para cualquier conocido o desconocido. Este vocativo ha mutado con los años, algunos de los anteriormente utilizados en lugar de este han sido; "Montro, nueve, manin, y mi loco". Si sienten o fingen alguna admiración esperando propina o algo, entonces usarían "mi papá" o "mi patrón".

Moto concho:
Motorista que hace de transporte público. Creen que caben por el ojo de una aguja, nunca se ve de dónde salen y al que se monte con ellos se le sale la baba y se le seca, porque andan matándose innecesariamente. Cuando regresan de llevar un pasajero es raro que use ambas gomas del motor, anda todo lo que pueda calibrando. Pero son los que más lloran en el Hospital Darío Contreras[26] cuando se revientan una pierna.

Motora:
Motocicleta de alto cilindraje y/o de lujo, tipo "*Street bike*" como el Kawasaki Ninja o Yamaha R6. Les gusta mucho a

---

26. Hospital Traumatológico Dr. Darío Contreras. *También conocido como la carnicería humana, por la clase de traumas y la cantidad de sangre que se ve en la emergencia, mayormente encabezada por motoristas. Donde por experiencia y práctica forman a los mejores cirujanos traumatólogos en el país.*

ciertos "chicos rudos" dominicanos, de esos que les gusta tener una novia en cada pueblo. En los pueblos del interior, unos más que otros; no es difícil conseguir chicas en una motora, por varias razones; primero, el tipo la amarra primero por Tinder, Facebook, o *whatever*. Así que él no llega en sus grupos al pueblo a tirar palos a ciegas, sino con una que lo espera. Luego, ellas suelen entender que por él tener ese motor y vivir en la capital que el sujeto tiene cuarto. También, a las chicas les gusta sentir que están buenas, y en la postura que conlleva ir en la cola de una motora, pueden lograr demostrarlo o si no forzarlo.

Musicón:
Música a volumen estridente que puede ser puesta en un sitio de entretenimiento o colmadón*. Cuenta más como musicón si se instala en el baúl de un vehículo y viola cualquier ley de decibeles que no parece aplicar dentro de los barrios. El que monta el musicón en su vehículo, no sólo la pone a todo volumen donde se parquea a beber. Sino también mientras conduce, porque entiende que todo el que oye su musicón lo verá como un bacano. El ignorante sujeto cree que los demás, en el mundo exterior, están viendo la película mental sobre su bacanería que él lleva dentro de su cabeza, a ritmo de la música.

N

Nota:
Puede referirse al pico de una dosis de drogas. También a la motivación que pueda o no causar una persona, evento o cosa. Ej: *Ella estuvo buena una vez, pero ya no está de ná y a mí no me da nota.*

O

Olla:
Austeridad. Miseria.

Orita:
Más tarde. Luego.

P

Pachá:
Bacano. Dueño del lujo, de la opulencia y de las mujeres que en el 99% es una fábula. Extraído de "pasha" (en turco) que se refiere a hombre con alto mando militar o terrateniente.

Paja:
Masturbación. También, una "paja mental" se refiere a una alta expectativa sobre algo o alguien, que por lo general falla a dicha expectativa, al igual que "cocote".

Pájaro:
Hombre homosexual. Aunque al parecer, en RD suavizan la manera en que calificarían la sexualidad de un hombre de acuerdo a su *status* social o respeto. Por ejemplo; al homosexual más pobre le dicen "maricón" y se lo dicen en su cara como si fuera decirle "licenciado". Especialmente se lo dicen como vocativo, en lugar de sus nombres, de un maricón al otro. A los que son clase media o más o menos, les dicen pájaro, pero no como vocativo, si no como referencia. Ej; "*Ve y abónale ese dinero de lo que le debo al pájaro*". Pero si se trata de un rico sólo dirían "*Don Roberto es gay*", o si no, homosexual.

Palabreao':
Palabra recortada de "palabreado". Algo relacionado a cerrar un negocio o venta que ha sido acordado entre una persona y otra informalmente.

Palomo:
Tiene dos vertientes. La primera; Niño o joven sonso, lerdo, tímido, retraído, pariguayo* o con escasas habilidades sociales. También se refiere al que quiere ser macho alfa, desacatado o delincuente, pero el valor y/o la astucia no le alcanzan, por lo que sólo lo hace donde va de abuso, especialmente si eso se combina con que es muy estúpido por su gran falta de manejo y de tacto.

Pana:
Amigo. Aunque también puede ser sinónimo de "tipo". Ej: *Había un pana ahí como esperando a alguien.*

Paqueteo:
Ejercer acciones que demuestren la opulencia o falsa opulencia para llamar la atención.

Paquetero:
Descripción: Consumista, fanfarrón, bultero, fantasmoso, que siempre es prepotente y chopo. Tíguere* que en el mundo de los chopos necesita llamar la atención mediante el aparataje. Por la imperante y desesperada necesidad social de que los hombres quieran ser él y las mujeres quieran acostarse con él. Persona a quien hace mucho se la ha comido su propio ego.

Paqueticos:
Recarga de internet a granel cuando no se compra un plan mensual o si este se ha consumido antes del mes.

Pariguayo:

Tiene varias vertientes; hombre o chico sin iniciativa, fácil de engañar e influenciar. Hombre o chico tímido y sin coraje. También el que es lerdo, pero a veces se esfuerza por encajar y nadie le hace coro. Ej: *Ese muchacho es tan pariguayo, que de la que él está enamorao' se le insinuó… y él no dijo ni pio.*

Patadas voladoras:

Aventuras y travesías sin pudor de naturaleza sexual que habría realizado equis mujer. No se dice en el hombre, porque en lo cultural en RD, mientras el hombre más hace menos discreto querría ser, porque el hombre que mucho ha hecho es tomado por bacano, por lo cual, hasta se suelen inventar falsas historias de ligue. Mientras, que a pesar del desacato de estos tiempos, la mujer prefiere en lo posible que no se sepa su pasado. Ej: *Esa dio toa' clase de patá' voladora en Los Mameyes, y mírenla ahora, privando en seria y rescatada.* #

Payola:

Inversión que se hace para que una o varias emisoras repitan muchas veces una canción, para que la gente sin criterio propio se convenza de que le gusta la canción, sólo porque todos la están escuchando o porque "está sonando". Esto lleva a pensar a esta misma persona; que si la canción "está de moda" a este tiene que gustarle, de lo contrario lo tildaría de "quedao" la multitud de la que quiere ser parte. Es un intercambio de sugestión por aceptación.

Pedrá:

Palabra recortada de "pedrada". Se usa también para referirse a que algo o alguien iba muy rápido. Ej: *Cuando vio que llegó el esposo de ella, su amante salió como una pedrá de ahí.*

Picapollo:

Pollo revestido de harina frito en aceite. En USA, el picapollo más consumido sería el KFC. Mientras en RD el Picapollo más consumido es el PPC (Pica pollo chino).

Pilas:

Mucho/a. Ej: *Trajeron pila de ron.* (trajeron mucho ron) También para referirse al bullying. Ej: *al bizco le estaban montando pilas con eso de que él ve doble, entonces se encojonó* y se fue.*

Pinta:

Ropa, mayormente llamada así porque es nueva, de marca o ambas cosas. Nada más el pobre suele llamarle "darse una pinta" a la ropa nueva o bonita, según ellos. Los tígueres* que se dan pintas de boutique son mayormente muy delgados o gordos; muy rara vez en forma, siempre en ambos extremos. Por lo que de no ser por los cambios de colores, podría percibirse que toda su ropa le queda exactamente igual y no notar que la nueva "pinta" es nueva. A veces se nota más si se hizo el cerquillo que su ropa. Ellos parecen saberlo, y por ende deben ir a renovarse el cerquillo una a dos veces en la semana. La ausencia de retoque en el cerquillo es la manera más segura de saber si el tipo aún no ha cobrado o si ya le pagaron, por suerte para a quienes estos le deban.

Pito:

Silbato. Importante definir, porque en otros países el "pito" es un pene.

Plagosear:

De "plaga". Joder, insistir o ayantar para obtener algo.

Popi:
Una mutación de lo que en los 90's fuera un jevito o jevita. Aunque hay niveles de "popestad"; popi, más que género es una conducta, especialmente atribuida a jovencitas clase media alta en adelante, con una actitud tan laxa, delicada y *nice*, que podrían rayar un poco en la exageración y parecer personas extremadamente inofensivas, susceptibles y que rara vez no tengan un perrito pequeño; de ahí *Puppies*, como la raza de perritos. Cuyo extranjerismo fue técnicamente "violado" por el léxico dominicano, y pues aquí suena y se escribe "popi", a lo seco. No son estas únicamente las "popis", pero el nombre parte de una referencia de conducta como la de estas chicas, para referirse a gente más sana y de más elevado *status* social y educación que su antagonista; el "wawawa*". Aunque los que se inventaron eso, podrían calificar como popi a alguien que vive en el barrio, se trata de un modelo de conducta más que de un nivel social.

Pupú:
Excremento, mierda, caca, cagá, zica.

Puyao':
Palabra recortada de puyado. Se refiere a alguien que se inyecta esteroides.

Q

Quemen:
Plural de "quemar". "Quemarse" es sinónimo de "desacreditarse", hacerse una cara conocida en lugares cuestionables o por acciones cuestionables, como ser frecuentemente vistas en las calles con hombres distintos cada vez; cosas por lo que la gente podría decir "fulanita es un cuero".

Quillan:
Plural de "quillarse" para varias personas. Enfadarse, enojarse, disgustarse.

R

Rankiao':
Del inglés "ranking". Rankiao' (ranquiado) hace referencia a alguien cuyo nombre está en el tope de los mencionado por sus fechorías, cosa que dentro del mundo de los delincuentes y chopos es un logro y un orgullo.

Ratatá:
Tíguere* guapo* y dispuesto a todo, o el que logra aparentar serlo exagerando sus "leyendas urbanas". Los adjetivos a su persona que este más disfruta son; "él e' rabia", "el menol e' un biberón", "e' un psicópata", "fulanito e' un bobo", "perencejo controla", etcétera. Puede que el tipo en cuestión trabaje en parecer malo y en realidad lo único que haga sea calibrar, y como mucho, conducir mientras el compañero atraca.

Recua:
Muchos, multitud. Especialmente en despectivo. Ej: *Vinieron una recua de disparatosos a hacer un mal trabajo.*

Riquito:
Diminutivo de rico. Más que la definición, se trata de la explicación de por qué en diminutivo. Está demostrado que la mayoría de los pobres tienen una aversión o tipo de rencor muchas veces incomprendido y desconocido hacia los ricos, aunque la palabra más llana puede ser envidia. Por lo cual, cuando dicen "riquito" la palabra en sí es un despectivo, que por regla general trata de justificar que hay algo que

le falta al rico que al pobre le sobra. Por ejemplo, lo considerarían alguien muy débil porque no está acostumbrado a lidiar con la hostilidad que se vive en el barrio, o al menos, eso prefiere creer el pobre, porque necesita subestimarlo. Así que puede ser comentando cualquier otra cosa, que se le ocurra que como pobre, tiene atributos superiores al rico.

Rubión:
Mujer rubia y muy atractiva.

Ruyío':
Palabra recortada de "ruyido". Hombre que tiene y no gasta. O que ni tiene, ni gasta, pero quiere estar donde gasta el que tiene, aparentando que gasta y que tiene. Se le nota al instante en la manera en que naturalmente regatea ante cualquier asunto de la vida, por como quiere sacarle el jugo a todo.

S

Samar:
Roce íntimo sin llegar al sexo. Por lo que suele ser muy común un dolor de testículos en los adolescentes entre 14 a 16 años… aunque eso ya sólo sucede si la chica es sana y de familia honesta y conservadora.

Sangra:
"Sangrar" en presente, en tercera persona. Las mujeres se refieren con que un hombre sangra a cuando este es dadivoso. Ej: *Leo no sangra… ni una cerveza me brindó.*

Sanki Panqueo:
Dedicación de conseguirse un/a extranjero/a para chapiar o para casarse e irse de manera legal del país. El beneficio de

recibir divisas de mayor valor, logró un efecto algo así como el de confundir "extranjero/a" con "rico/a", eso, aparte del beneficio de la Green Card. Con la salvedad de que el/la Sanqui Panqui se hace de un estómago de acero, porque los extranjeros que suelen ser presa fácil; son personas en una condición física en la que comúnmente nadie consideraría entrarle. El Sanki Panqui, que casi siempre es negro; es un producto de la idea de gringas y europeas que creen que sólo los negros están bien dotados, así como también hacen un contraste que incluye el color de piel, por ser personas cálidas y divertidas comparándolas con sus exparejas, de la raza dominante de su país. Lo cierto es que los dominicanos, (no hay que ser negro para eso) somos ayantosos, afectivos y caballeros, por eso podemos atrapar por buen trato a esas personas extranjeras.

Sofocao':
Palabra recortada de sofocado. Hombre desesperado por tener sexo con una persona en específico. Desear demasiado a alguien. También aplica para la incertidumbre de los celos en parejas establecidas o notar que ahora su expareja luce mucho mejor. Ej: *Ahora anda José sofocao' con Wendy, que se hizo y se puso lindísima después de que ella salió de él"*. También se le suele decir "se puso rápido".

Suape:
Borrachera. También llamada "jumo". Forma dominicana de llamar al *suaper* o trapeador.

T

Tallo:
Pene. Forma de llamarle al pene especialmente en la región norte de la isla. (Cibao)

Tapá':
Palabra recortada de "tapada". Oculto/a, disimulado, encubierto.

Tecato:
Adicto a las drogas. Yonqui.

Templo:
Manera de llamarle en "El Manual de la Chapiadora" de Wilsis Bautista a la tetera*, o aquel del que vive una chapiadora*.

Teñía:
Palabra recortada de "teñida". Suele usarse cuando el color es exagerado, cuando el tinte le maltrata mucho el pelo porque falta dinero para los cuidados, o porque las raíces ya están largas y tiene dos colores de pelo. Pero sobre todo, suele usarse como despectivo cuando a una mujer le cae mal otra, aunque tenga su color bien tratado. Ej: *A la teñía esa que no la soporto*.

Teteo:
Escándalo y aglomeración de chopos en su expresión máxima. Por regla, obstaculizando la vía pública, no dentro de un establecimiento. Los chopos suelen poner un musicón que se escucha a un kilómetro, además de cruzarse con dos o más musicones, en lo cual no se respeta límite, horario ni espacio. Un extranjero desorientado podría pensar que se trata de un carnaval, por los "bailes" extravagantes y ridículos que se inventan, combinado con morisquetas en las que algunos de sus chopos protagonistas llevan navajas tipo Gillete en la lengua, cosa que dentro de ese mundo involutivo los hace bacanos. En el teteo no se escucharía ninguna otra cosa que Dembow y Trap, que no es más que

pornografía hablada, porque mientras la música más hable de sexo y drogas, mejor.

Tetera:
Del o de los que vive una chapiadora.

Tíguere:
Forma dominicana en la que modificaron la palabra "tigre". Antes, solía tratarse de un delincuente guapo*, calculador y despiadado. O un tipo realmente rudo, aguerrido y rebelde, aunque no fuera delincuente. Ahora tíguere también es todo aquel que se esfuerza en aparentarlo, aunque no sea de ná*, hasta el punto en que se convirtió tan sólo en una palabra descriptiva para referirse a uno o más hombres desconocidos, o tal vez sospechosos. Ej: *Habían unos tígueres como raros parados en la esquina hace un rato.* Los verdaderos tígueres, en los 80's se fajaban a la trompá* y quedaban amigos, luego de sacarse la tirria*. Los de ahora disparan por la espalda o le dan armados a una persona desarmada. También se le dice tíguere a alguien inteligente o que es amañado. Ej: *Sandy siempre se huele lo que está pasando, él es un tíguere.*

Tirao':
Palabra recortada de "tirado". Feo, descuidado, sin forma. También se utiliza para decir sobre alguien que está acostado o que fue encontrado en el piso. También, para una forma de llegar sorpresiva. Ej: *¡Recójanse, que se tiró la policía!*

Tirria:
Rencor. Ganas de entrarle a golpes a alguien.

Toyoso:
Quien hace un trabajo con pésima estética o que ensucia mucho. Estudiante que raya sus cuadernos incluso en las

páginas que escribe, o borra feo. También el niño o adulto que tiene tendencia a las preguntas o respuestas estúpidas.

Trompá:
Puñetazo. En especial golopón*.

Truño:
Mal humor muy notable en la cara. Suele mayormente decírsele que tiene un truño a la persona que suele estar en ese ánimo muy seguido o por cualquier cosa, no tanto al ocasional. La persona que rara vez no tiene un truño, suele tener alguna inconformidad muy seria, ya sea con su vida o con alguien que forma parte de esta; como su pareja.

Y

Yipetón:
Superlativo de Jeepeta. No por su tamaño, sino para connotar que es muy costosa, aunque eso puede ser relativo a donde se metiera. Por ejemplo; no hay jeepeta más barata que la famosa "cara e' gato", pero el hombre que se mete en un pueblito humilde en su "cara e gato", tumbada y con aros, y más con una pistola que adrede deja notar, puede parecer allí un hombre rico. En la capital y otras ciudades llenas de viajeros, compiten con la alta gama o mediana gama.

W

Wawawa:
Término que se inventó el mismo artista urbano que se inventó "popi", siendo el antagonista del mismo. Wawawa pretende hacer alusión a una persona contraria al popi; menos sutil, más callejera, que habla tirao'*, que es o quiere

ser tíguere o tiene su grado de mala fe. En general, alguien menos educado y prudente que un "popi", por mucho.

No es complicado entender que el léxico dominicano suele robarse las "s" si acompañan una consonante, especialmente si es la letra final de la palabra. Ej: en lugar de "los panes" dicen "lo' pane'" y en vez de "gusto" dirían "guto".

De igual forma podrían robarse la "da" en palabras que terminan en "da" o "do".

Como en lugar de "tirado" sería "tirao'" o en vez de "descuidado" diría "descuidao'".

También podría robarse algunas "d", también las "r" si no van seguida de una consonante. Ej: Uno tiene que "cuidase", en lugar de "cuidarse". "Toy' cansao'" en lugar de "estoy cansado"

Palabras recortadas (usadas en el texto)

E'	Es
Na'	Nada
Lo'	Los
Pa'	Para, papi, papá
Pal'	Para el
Pesao'	Pesado
Supite	Supiste
Ta'	Está
Taba	Estaba
Pérame	Espérame
Pérate	Espérate
Deportao'	Deportado

Voceame	Vocearme
Cansao'	Cansado
Malagradecio'	Malagradecido
Compai'	Compadre
Entendé	Entender
Toy	Estoy
Alquilá	Alquilada/o
Jodío	Jodido
Entregá	Entregada
Pelá	Pelar o Pelada
Ve'	Ver
Cuidao'	Cuidado
Toa'	Toda o todas
Pa' lo	Para los